AF501997

DE

LA SÉNÉGAMBIE

FRANÇAISE.

Paris. — Typographie de Firmin Didot frères, rue Jacob, 56.

DE
LA SÉNÉGAMBIE
FRANÇAISE

PAR

FRÉDÉRIC CARRÈRE

Président de la Cour impériale, chef du service judiciaire

ET

PAUL HOLLE

Habitant, commandant du fort de Médine,
ancien commandant des postes de Bakel et de Sennoudébou.

PARIS,

LIBRAIRIE DE FIRMIN DIDOT FRÈRES, FILS ET Cie,

IMPRIMEURS DE L'INSTITUT DE FRANCE,

rue Jacob, 56.

1855.

A

MONSIEUR MESTRO

CONSEILLER D'ÉTAT, DIRECTEUR DES COLONIES,

Hommage de reconnaissance

et de respectueux dévouement,

F. CARRÈRE.

Saint-Louis du Sénégal, 25 novembre 1855.

DE
LA SÉNÉGAMBIE
FRANÇAISE.

CHAPITRE PREMIER.

Considérations générales.

Ce travail a pour but de faire connaître, aussi sérieusement que possible, notre établissement du SÉNÉGAL.

Pour y parvenir, nous avons cherché, dans la mesure de nos forces, à décrire, sans surcharger la matière de détails inutiles, les mœurs, les coutumes, les institutions, les ressources naturelles et industrielles des peuples qui habitent la partie française de la SÉNÉGAMBIE.

LA FRANCE ne sait pas assez, selon nous, quelle est l'importance de sa colonie.

Des hommes distingués ont considéré, jusqu'à ce jour, notre établissement de la côte occidentale d'AFRIQUE comme un petit comptoir dont l'avenir était à peu près nul.

Cette idée a réagi, en les amoindrissant, sur les institutions locales; elle procède de la croyance que la gomme, comme il y a vingt ans, est l'unique produit de notre colonie.

Puisque, sur l'abondance de la gomme, a-t-on dit, l'industrie humaine ne saurait exercer aucune influence, le pays qui la donne doit rester fatalement borné au chiffre actuel de ses transactions.

En n'envisageant la question que sous cette face, on se trompe encore de beaucoup. En effet, la gomme, loin d'être, en ce moment, le seul aliment du commerce sénégalais, n'entrera bientôt plus dans ses spéculations qu'à titre d'accessoire plus ou moins important.

Mais quand il s'agit d'un établissement qui a de l'avenir, la pensée des intérêts matériels peut-elle préoccuper exclusivement la métropole?

Si la France, en vue des sacrifices qu'elle s'impose, doit tendre au développement de son industrie et de son commerce, elle ne descendra jamais à ce point de mesurer son assistance et de calculer sa générosité à l'échelle seule de ses profits éventuels.

Dans ces parages, comme ailleurs, la mission de notre patrie nous semble plus haute; n'est-elle pas de marcher à la tête du progrès en initiant les peuples à la civilisation? Pourquoi la France serait-elle la première puissance catholique si, par tous les moyens, la prédication, la guerre, le commerce, elle ne conduisait les hommes, avec lesquels Dieu l'a mise en contact, à une amélioration morale et matérielle?

Dans cet ordre d'idées, quel champ plus vaste et plus neuf que la Sénégambie? Quelle voie plus large que le Sénégal, ce fleuve qui, devenu route française, doit servir à la régénération de la race noire?

Il faut, si nous voulons transformer les peuples sénégambiens, et développer ici, au profit des idées et des intérêts français, notre action politique et commerciale, que la rive gauche du Sénégal, soustraite définitivement à l'oppression des Maures, respire, travaille et produise avec sécurité.

Ce résultat ne sera obtenu que lorsque l'influence désastreuse de la rive droite aura été abattue.

Quand le Sénégal, ligne de démarcation tracée par la nature entre les races noire et maure, sera devenu infranchissable pour celle-ci, que nos commerçants sillonneront librement le fleuve, de son embouchure aux cataractes, échangeant tout à la fois des idées et des produits, les peuples de la rive gauche auront compris bientôt notre pensée et le mobile de nos efforts.

L'esprit local, par l'organe des commerçants de ce pays, a déjà fait entendre sa voix jusqu'en Europe.

L'empereur, dont la haute sollicitude s'étend à toutes les parties de l'empire, a daigné jeter les yeux sur cette colonie trop longtemps délaissée.

L'appui du département de la marine, les vues de l'homme éminent qui dirige les affaires coloniales, ont commencé à se manifester et nous donnent le ferme espoir de voir réalisés, dans un temps prochain, nos vœux les plus chers.

Déjà les enfants de la France tracent, les armes à la main, le chemin de l'avenir.

Pour nous, pleins d'admiration pour ce courage qui leur fait braver les ardeurs de notre climat et des ennemis trop insaisissables, nous avons espéré pouvoir aider à leurs glorieux efforts en parlant d'une contrée peu connue, dont leur noble dévouement va commencer la régénération.

Nous avons donc écrit ces modestes lignes ; elles ne contiennent que des faits vrais, exposés simplement, et quelques vues qui, pour la plupart, s'étant fait jour sous une forme officielle, avaient obtenu l'approbation de nos supérieurs.

CHAPITRE II.

De la ville de Saint-Louis.

La ville de Saint-Louis, chef-lieu de nos établissements en Sénégambie, est bâtie sur un îlot de sable autrefois inhabité, qui faisait partie du WALO; le *Diagne* (chef) de *Tennoudiguenne,* île connue sous le nom de SOR, située en face de Saint-Louis, avait, sur l'emplacement de la ville actuelle, son *lougan* (champ) de cotonniers.

En cédant son *lougan* aux Français, le *Diagne* stipula à son profit une légère redevance annuelle.

Il avait, de plus, seul parmi les noirs, le droit d'entrer au fort Saint-Louis armé de son sabre.

Le Sénégal, qui entoure la ville, se jette dans l'Océan à six lieues en aval de Saint-Louis.

L'île Saint-Louis se divise en trois parties : le sud, *sindoni*, le nord, *lodo*, et le centre, *chrétiann*.

Le sud a été évidemment habité le premier; il est également certain que cette partie de l'île fut peuplée par des émigrés du CAYOR, pays dont les mœurs s'y reflètent encore aujourd'hui d'une manière très-sensible.

Il y a peu de temps, les hommes du sud affectaient, à titre de plus anciens habitants, un air de supériorité sur ceux de la partie nord ; il s'élevait entre les deux quartiers des querelles fréquentes, et la place du Gouvernement voyait des batailles où les adversaires, les femmes surtout, ne ménageaient ni les clameurs ni les coups.

Quoiqu'un observateur attentif puisse remarquer encore un certain antagonisme entre les deux parties de l'île, il faut reconnaître que les anciens préjugés tendent à disparaître et que la fusion devient tous les jours plus complète.

La partie nord servait, dans le principe, de lieu d'habitation aux captifs du sud ; les maîtres y construisaient à cet effet des maisons appelées *gallo*, nom qui désigne encore au CAYOR et au WALO le lieu consacré à la demeure des esclaves.

Lorsque les relations entre les Européens et les négresses eurent créé une race intermédiaire qui embrassa le christianisme, il se forma vers le centre, à proximité du fort, un quartier particulier qui reçut le nom de *chrétiann*.

Les chrétiens, devenant plus nombreux, débordèrent vers le nord; aujourd'hui ils habitent indistinctement le nord et le sud.

La partie bâtie de l'île Saint-Louis se développe sur une longueur de quinze cents mètres et une largeur qui varie entre deux ou trois cents; elle renferme une nombreuse population noire. Ses rues, larges et coupées à angles droits, sont bordées de maisons dont l'élégance, pour la plupart, plaît à l'œil, et donne à la ville, vue surtout de la mer, une physionomie pittoresque et originale.

Le climat et les maladies se sont notablement modifiés depuis dix ans; les environs, en effet, l'île de Sor surtout, ont été déboisés, et les rues de notre ville exhaussées au delà du niveau des hautes eaux. Sans doute le soleil des tropiques et le terrible *harmattan* y font sentir leur influence; certes la vie de l'Européen, du fonctionnaire surtout, y est d'une monotonie pleine de tristesse, ils ont les yeux incessamment tournés vers la France; mais, en somme, l'existence est supportable, et ce pays, sous certains points de vue, vaut mieux peut-être que d'autres en apparence plus favorisés de la nature.

A l'ouest de Saint-Louis, sur la langue de sable

appelée pointe de Barbarie, s'élève le village de GUET N'DAR.

La butte où il est placé était jadis une station de pêche pour les gens de ADGIÉ, THIONC, DEBY, BOYO, GADGIAGUER, etc. A l'époque de l'année où le poisson est très-abondant sur ce point, c'est-à-dire de février à mai, les pêcheurs du WALO, montés sur leurs légères pirogues, descendaient le fleuve et venaient construire en ce lieu des cases provisoires; ils y faisaient sécher le produit de leurs pêches, et retournaient à leurs cultures lors des premières pluies (juin).

Lorsque Saint-Louis se peupla, la butte servit de parc à bestiaux; de cette destination est venu son nom : GUET N'DAR, parc du Sénégal.

Ce faubourg, aujourd'hui français, considéré jadis comme partie du Walo, payait, même après notre établissement sur les rives du Sénégal, tribut au *Cadgy* (général de l'armée du Walo); mais cette coutume a cessé depuis longtemps.

Après que la rive droite eut passé sous la domination du roi des TRARZAS, celui-ci imposa aux caravanes venant du nord commercer à Saint-Louis des redevances que percevait l'*Alcati* de GUET N'DAR (chef du village, nommé par le gouverneur et placé sous l'autorité du maire de Saint-Louis).

Il était par trop singulier qu'un agent nommé et

soldé par l'autorité française fût le collecteur avoué d'un tribut levé, sur notre territoire, au profit d'un chef étranger; aussi, dans ces derniers temps, cet abus a-t-il disparu.

Guet n'dar a été, comme Saint-Louis, peuplé par des émigrés des pays voisins.

Les hommes, tous pêcheurs, nourrissent la ville du produit de leur industrie. Les noirs, en effet, vivent de poisson et de couscouss.

Les habitants de Guet n'dar doivent à leur travail une très-grande aisance; ils gagnent encore des sommes importantes en faisant le batelage entre la terre et les navires mouillés devant Saint-Louis.

Nous tenterions en vain de peindre l'intrépidité que déploient ces piroguiers : la mer la plus épouvantable est impuissante à les intimider; ils jouent gaiement leur vie pour voler au secours des navires et des équipages. C'est un fait incontestable, proclamé d'ailleurs à Saint-Louis par la reconnaissance publique, que les hommes de Guet n'dar ont toujours su arracher à la mort ceux qui s'étaient confiés à leur courage et à leur dévouement.

Les noirs de Saint-Louis sont très-fiers de leur qualité de Sénégalais; les hommes de la grand'terre aspirent avec ardeur vers le séjour de Saint-Louis, car, avec un peu d'industrie, ils parviennent facilement à s'y procurer d'assez larges moyens d'existence. De plus, une fois placés sous la protection de la loi française, ils échappent aux avanies des chefs, petits et grands, qu'a multipliés le système féodal, en vigueur dans toute la Sénégambie.

Les noirs sénégalais aiment, avant tout, le commerce. Avant le décret de 1848, abolitif de l'esclavage, ils consentaient volontiers à être maçons, menuisiers, charpentiers, calfats, métiers considérés comme honorables; mais, depuis l'émancipation, les *marabouts* (prêtres musulmans), dont l'influence a grandi, se sont emparés des enfants, et les détournent, dans un but facile à comprendre, des métiers qui les mettaient en contact avec les Européens. Il est grandement à craindre que, dans un temps prochain, la ville ne soit privée d'ouvriers, à moins que le gouvernement métropolitain n'apporte à cet état de choses quelque remède énergique, comme, par exemple, le rétablissement de l'engagement à temps.

Les Woloffs méprisent profondément les forgerons, les cordonniers, et surtout les *griots* (chanteurs et musiciens).

Nous reviendrons sur ces particularités en traitant du Cayor, où ces préjugés, répandus d'ailleurs avec plus ou moins d'intensité dans toute la Sénégambie, se maintiennent encore avec force.

Quand un noir a fait le commerce, il répugne au travail de la terre : c'est la tendance de tous les peuples traficants. Un homme né au Sénégal regarde aujourd'hui presque comme vil le métier de laptot (matelot), autrefois très-recherché, et les navires de l'État sont obligés de recruter leur personnel parmi les étrangers ou les gens nouvellement établis (bambaras, saracolets).

Hors de Saint-Louis, le Sénégalais se pose en personnage ; les peuples de l'intérieur acceptent ces prétentions, et qualifient de *tou bab* l'homme venu de Saint-Louis, quelle que soit sa couleur. *Tou bab*, en effet, ne signifie pas *blanc*, comme on le croit généralement, même dans la colonie, mais homme puissant ou riche. Tout homme blanc (*verrh*) est pour le noir un seigneur; tout Européen est donc *tou bab*. Mais quand ils veulent, par opposition à un *tou bab* noir, désigner spécialement un blanc, ils disent *tou bab gueich*, un seigneur venu de la mer.

Les exigences de cet orgueil sont la cause fréquente des difficultés politiques que nous rencontrons en rivière.

Les noirs du Sénégal, animés d'un certain dévouement pour les Français, servent assez volontiers d'auxiliaires dans nos guerres avec les peuples voisins. Courageux, on ne peut toutefois les utiliser qu'à titre de tirailleurs, car il a été impossible jusqu'à ce jour de régler leurs mouvements et de les soumettre, en campagne, à une discipline quelconque. Un engagement avec des hommes de leur race ne les effraye pas, mais ils redoutent singulièrement les Maures ; ils ont pour ceux-ci une haine profonde, partagée d'ailleurs par tous les peuples de la Sénégambie.

La population noire de Saint-Louis ne compte que de rares chrétiens, connus sous le nom de *gourmets ;* la presque unanimité professe le mahométisme.

Avant l'émancipation, cette idolâtrie trouvait dans les maîtres, presque tous chrétiens, un obstacle sérieux à son expansion ; mais depuis elle a pris un essor qu'il est temps de signaler et de surveiller.

Ceux qui se préoccupent de l'avenir remarquent avec inquiétude qu'une division tend à s'établir, tous les jours plus profonde, entre les chrétiens et les musulmans.

L'idée musulmane est ici encore dans sa période de développement, et par conséquent de fanatisme, et Saint-Louis est devenu, en quelque sorte, le foyer de l'idolâtrie, depuis surtout que la mosquée, affrontant notre église, a donné au mahométisme une consécration officielle.

Les marabouts ont profité de la rupture des anciens liens pour s'emparer de l'esprit de la population. Autrefois ils inspiraient, sans doute, à leurs coreligionnaires, des sentiments de défiance contre le christianisme, mais ils le faisaient secrètement ; ils ont levé le masque aujourd'hui; ils fanatisent peu à peu la population, et s'opposent, en prétextant des scrupules religieux, à ce qu'elle se soumette même aux exigences de notre loi civile. C'est ainsi que le noir ne déclare ni naissances ni décès, qu'il donne à juger à son prêtre les questions de mariage, de divorce, de filiation et de successions, et s'habitue à le considérer comme l'arbitre souverain de sa vie intime.

La situation officielle faite à Saint-Louis au *tamsir* (chef des marabouts et de la religion musulmane) augmente naturellement son crédit et celui de ses auxiliaires. Il nous répugne, sans doute, de parler d'un homme qui a obtenu les sympathies de plusieurs gouverneurs, et sur la poitrine duquel a été placée la croix de la Légion d'honneur : nous ne voulons ni ébranler sa position, ni attaquer sa personne; mais il faut bien le dire, la séparation entre les races, qui se prononce tous les jours plus évidente, nous fait craindre que nos efforts et nos sacrifices ne se dissipent en pure perte. Ne serait-il pas grandement temps que l'idée française ne rencontrât plus des dispositions si ouvertement hostiles dans ces marabouts trop longtemps tolérés, prédicateurs d'une doctrine dont l'effet est de maintenir ou de rejeter les noirs dans la barbarie, en les rendant sourds aux enseignements d'une religion divine, qui amènerait infailliblement leur transformation intellectuelle et morale ?

La race intermédiaire, autrefois influente, en possession du sol, de captifs et de capitaux importants, tend tous les jours à déchoir, événement fâcheux pour la diffusion de l'idée française. En effet, nés au Sénégal, parlant la langue *wolowe*, se rattachant aux noirs par une communauté d'origine dont ils ne repoussaient pas le souvenir, humains, charitables, bienveillants, les habitants, placés au point d'intersection entre la civilisation française et l'immobilisme africain, conduisaient, à leur insu peut-être, le noir dans la voie du progrès. L'émancipation est venue contrarier brusquement cette marche lente, mais sûre.

Pour nous, nous n'entendons exprimer ici ni un regret sur le passé, ni le désir de voir restauré un ordre de choses qui a pour toujours disparu ; notre seul but est de faire connaître une des causes du retour incontestable du noir à des idées de fanatisme et de défiance que nous déplorons profondément.

Les habitants avaient autrefois le monopole du commerce en rivière.

Tant qu'ils furent en petit nombre, que la plus grande partie des noirs vivait en captivité, leur industrie prospéra ; mais l'accroissement de la population et l'émancipation appelèrent naturellement un plus grand nombre de têtes au partage d'un produit alors unique, la gomme; dès lors les gains devinrent insuffisants, non-seulement pour alimenter l'ancien luxe, mais pour suffire aux besoins ordinaires de la vie. Aujourd'hui la gêne est venue; débiteurs de sommes considérables, ils gémissent de leur abaissement et redoutent un avenir encore plein d'obscurité.

On compte parmi les habitants quelques esprits distingués ; la génération qui s'élève promet au Sénégal des sujets qui, façonnés à nos mœurs par une éducation reçue en Europe et bien pénétrés des idées françaises, ne laisseront apercevoir aucune dissemblance entre eux et les Français de la métropole.

Le commerce européen est représenté au Sénégal par des hommes très-intelligents en général ; l'ardeur du climat, les tracas des affaires les rendent quelquefois ombrageux ; mais les qualités du cœur, l'amour du vrai, les sentiments de droiture et de bienveillance exercent parmi eux leur légitime influence : ils veulent, sans trop se préoccuper de leurs intérêts personnels, que la colonie devienne prospère, et ils se sont montrés, dans ces derniers temps, les propagateurs zélés et habiles des idées d'amélioration et d'avenir.

Pour remplir le cadre que nous nous sommes tracé, nous comptons passer en revue la rive gauche du fleuve, depuis le CAYOR, qui touche à l'océan Atlantique, jusqu'au delà de la cataracte du FÉLOU; puis, franchissant le Sénégal, nous descendrons à Saint-Louis, visitant les peuples qui bordent la rive droite, avec lesquels les besoins de notre commerce nous mettent chaque jour en contact.

Cette tâche présente des difficultés de plus d'un genre; nous devons évidemment rester au-dessous de son importance; mais nous ne reculerons devant aucun effort pour mériter le suffrage des personnes bienveillantes qui nous ont encouragé de leurs sympathies.

Si nous sommes assez heureux pour appeler sur cette terre française l'attention plus particulière encore du département de la marine et des grands centres commerciaux, le bien qui en adviendra à notre chère colonie sera pour nous une flatteuse récompense; nous n'en ambitionnons pas d'autre.

CHAPITRE III.

DU CAYOR.

De la famille.

Au CAYOR, le père est le chef souverain de la famille; les enfants mâles lui doivent respect en tout temps, obéissance tant qu'ils ne sont pas mariés. Les filles, avant leur mariage, sont soumises à l'autorité du chef de la famille quel qu'il soit; veuves ou divorcées, elles retombent sous sa puissance. La femme est donc tenue, toute sa vie, en état de subordination : le mari a sur elle un droit de correction même corporelle, renfermé toutefois dans certaines limites. En effet, s'il a poussé la brutalité jusqu'à la rupture d'un membre ou d'une *dent*, la femme fait un appel à ses parents, et le mari, traduit en justice, est condamné à un certain nombre de coups de fouet; mais il peut éviter le châtiment par une compensation pécuniaire. Dans ce cas, la somme appartient à celui qui a rendu la sentence.

La polygamie existe en principe dans toute la Sénégambie : c'est la loi de Mahomet. Au Cayor, un homme libre peut épouser trois femmes de sa condition; il lui est loisible, ensuite, de prendre, parmi ses esclaves, autant de concubines qu'il lui plaît. La femme avec laquelle il a contracté sa première union a le titre d'*awhô* : c'est la maîtresse de la maison. Elle a droit à des égards et à des priviléges définis par la coutume; son autorité dans le ménage, sa prépondérance sur les autres femmes sont certaines et incontestées. L'*awhô* habite la plus belle case; chaque femme a la sienne. Le mari se réserve, dans la cour commune, un appartement où les femmes n'ont pas accès; c'est là qu'il reçoit les visiteurs. Toutes les constructions sont en paille.

Le mari est tenu de passer deux ou trois nuits de suite dans la case de chacune de ses femmes; s'il néglige ce devoir et que la femme ou ses parents s'en plaignent, il peut être condamné, pour la première fois, à une réparation pécuniaire ; le renouvellement de l'offense est un cas de divorce.

La femme qui a été honorée de la visite du mari doit préparer la nourriture de toute la famille.

Le repas servi, la famille est appelée; le mari lave sa main droite, les autres l'imitent. L'eau qui a servi à cet usage est conservée avec soin, nous dirons bientôt dans quel but. La ménagère fait la dégustation des aliments; rien ne saurait l'exempter de ce devoir, dont l'accomplissement est considéré comme une sauvegarde; puis le chef de la famille invoque le nom de Dieu en disant : *Bissimilaï*, et le repas commence.

Les convives sont assis en cercle ; le plat de *cous-couss* occupe le centre; le mari y porte le premier la main *droite:* la gauche est considérée comme impure. Il saisit une portion d'aliment, la pétrit dans la même main, et, lorsqu'il lui a donné la forme d'une boule, il l'introduit dans sa bouche. L'*awhô* se sert après le mari. L'opération continue ainsi jusqu'à la fin du repas.

Si le mari a pour hôte un ami de sa condition, celui-ci mange avec la famille. Lorsque le visiteur est élevé en dignité, le mari, servi à part, partage son repas avec lui. Si le visiteur est un inconnu, il mange seul.

Le mari doit pourvoir à la nourriture et à l'entretien de la famille ; outre les distributions de mil, de viande et autres provisions qu'il est tenu de faire à chaque femme, il ne doit pas négliger les cadeaux, cet aliment de l'amitié sous toutes les latitudes. Il lui est cependant interdit de faire lui-même le partage de ce qu'il donne : c'est le droit de l'*awhô*. A cet effet, les objets sont apportés dans la case de celle-ci ; elle y appelle les autres femmes. La seconde femme forme, en présence des autres, autant de lots qu'il y a de parties prenantes ; les lots établis, l'*awhô* choisit celui qui est à sa convenance, les autres prennent au hasard.

CHAPITRE IV.

Mariages.

L'homme, pour contracter mariage, n'a pas besoin du consentement de ses parents; il doit les consulter, mais, sur leur refus, il peut passer outre. Il n'en est pas de même pour la femme.

Quand un homme a rencontré la femme dont il veut faire sa compagne, il convoque ses parents les plus proches et les envoie en députation auprès de ceux de sa future. Le chef de l'ambassade transmet, dans un discours louangeur, les vœux de celui qu'il représente; si la réponse est favorable, on discute de suite le montant de la dot. Comme dans tout pays musulman, le mari doit la fournir; elle appartient à la femme, mais à charge de la restituer si le divorce est prononcé contre elle. Cependant le mari n'est pas tenu de la payer en entier avant la célébration du mariage.

Lorsque tout est réglé, on convient d'un *vendredi*, c'est le jour heureux des musulmans, pour procéder à la cérémonie du *tak*. En langue WOLOWE, *tak* veut dire *lien; faire le tak*, c'est, symboliquement, passer au cou de la femme le lien qui la met sous la dépendance du mari : pas de mariage légitime sans *tak*.

Pour accomplir le *tak*, le futur, accompagné de ses amis, de ses parents, *et surtout de sa sœur*, se dirige en cérémonie vers l'habitation de la jeune fille. Un *griot* (chanteur à gages), très-ému d'ordinaire à la suite d'abondantes libations, fait retentir l'air de ses chants peu harmonieux et des coups redoublés du *tamtam* (sorte de tambour). Les deux familles échangent d'interminables compliments, puis se rendent au *Pench*, place publique où se tiennent les assemblées; elles s'y établissent en face l'une de l'autre, laissant entre elles un espace vide réservé au marabout qui doit présider à la cérémonie. Après quelques prières, celui-ci interroge la jeune fille : « Voulez-vous prendre cet homme pour votre mari? » Il demande au père et à la mère si ce mariage a leur agrément. Au moment où le futur est appelé à répondre, *sa sœur*, ou la femme qu'il a choisie pour en remplir le rôle, se lève, et s'adressant au marabout lui dit : « Voici le *tak* qui doit lier cette femme à mon frère. » Le *tak* est représenté au Cayor par une paire de pagnes que la femme devra conserver et porter dans les circonstances importantes de sa vie conjugale. Le *marabout* reçoit ces pagnes des mains de la *sœur*, appelle les époux par leur nom, prie sur eux en récitant un verset du Koran, et leur dit : « Allez, vous êtes unis. » Le mariage est contracté.

Telle est la cérémonie au complet; mais le *tak* peut être fait en l'absence des futurs, pourvu que les parents soient présents. Après la cérémonie, la femme revient ordinairement chez ses parents, et y reste jusqu'à ce que le mari ait fait préparer sur son terrain une case convenable.

Lorsque la case est construite, le mari arrête avec sa femme et ses parents le jour où elle viendra en prendre possession. A l'heure fixée, la mariée se met en route; ses compagnes l'entourent et la suivent, battant des mains et chantant sur un rhythme triste et monotone; elles semblent exprimer, par leurs gestes, leur attitude et leurs accents, la douleur de voir leur amie se séparer d'elles pour commencer une vie de retraite et de devoirs sérieux. A la porte de la nouvelle demeure, *la sœur* du mari offre à la femme, contenues dans une calebasse, des semences de mil, de tabac et de pistaches. Celle-ci, après avoir accepté ce cadeau symbolique, entre dans la maison en se traînant sur les genoux. Arrivée auprès du lit, elle se relève vivement, écarte ceux qui l'entourent et y monte: elle prend ainsi possession de la maison, et chacun vient la complimenter. Bientôt un festin, dont l'abondance se mesure aux richesses du mari, est servi dans la cour; les danses vont commencer, la joie éclate: c'est le *cheit*. La fête dure un, trois et même huit jours, selon le rang et la générosité des époux.

CHAPITRE V.

Du divorce.

Les causes du divorce sont : 1° le consentement mutuel, qui est suivi d'une séparation instantanée ; 2° l'absence du mari, laissant sa femme sans moyens d'existence ; en vain aurait-il, en s'éloignant, pourvu aux besoins de la famille : si son absence a duré cinq ans, la femme a le droit de demander le divorce ; 3° les violences du mari envers la femme, poussées jusqu'à la rupture d'un membre, ainsi que nous l'avons dit plus haut ; 4° l'adultère de la femme prouvé par sept témoins honorables, qui doivent témoigner *de visu ;* quand le mari succombe dans cette instance, la femme peut à son tour, à titre d'injure, demander le divorce ; si elle l'obtient, elle garde la dot ; 5° le défaut ou l'insuffisance d'entretien de la femme, le mari étant présent ; 6° le refus réitéré du mari d'accomplir le devoir conjugal ; 7° l'impuissance du mari : elle se prouve par le serment de la femme, sauf la preuve matérielle du contraire fournie par le mari ; 8° une injure grave ; si, par exemple, le mari dit à sa femme : *Baïna sa batt*, *je laisse votre col* (*je romps le tak*), et qu'un seul témoin ait entendu ce propos, c'est un cas de divorce. Celui des deux qui obtient le divorce se fait restituer ou emporte la dot. Le divorce est toujours prononcé par un marabout.

Un homme et une femme divorcés peuvent contracter ensemble un nouveau mariage ; mais la coutume veut que la femme se soit, dans l'intervalle, remariée à un autre. Cette loi morale, qui sert de contre-poids au divorce par consentement mutuel, est facilement éludée ; en effet, le mari charge un de ses amis de faire le *tak* avec la femme qu'il veut reprendre ; on y procède, et aussitôt la femme demande le divorce ; le prête-nom ayant acquiescé, la femme contracte un nouveau mariage avec son ancien mari.

CHAPITRE VI.

Naissances.

Quand une femme est arrivée au terme de sa grossesse, elle appelle ses parentes et la matrone du lieu ; elle va accoucher, faire le *rewély*. A partir de ce moment, ses parentes ne la quittent plus. L'enfant étant né, on le lave à l'eau tiède; le lit est entouré de nattes : c'est une sauvegarde contre l'air extérieur, mortel, en ce climat, pour les nouveaux-nés. On entretient du feu dans la case : il purifie l'atmosphère et *chasse le mauvais esprit*. La mère, ayant son enfant auprès d'elle, reste couchée pendant huit jours ; on ne lui donne qu'une nourriture légère, jamais de *couscouss, qui occasionne le gnir* (coliques).

Ces huit jours passés, *la sœur* du mari se rend en cérémonie à la case de l'accouchée; elle y amène un mouton; au moment où elle donne, *selon son droit*, un nom à l'enfant, le mouton est égorgé; chaque parent ou ami arrive, apportant une calebasse de couscouss. Pendant ces offrandes et les congratulations qui les accompagnent, la *sœur* lave les linges de la mère; seule elle doit vaquer à ce soin. Le repas est pris en commun; les chants, les danses le suivent, puis tout rentre dans l'ordre habituel.

CHAPITRE VII.

Décès.

Le chef de la famille a rendu le dernier soupir ; ses femmes, *l'awhô* surtout, l'ont entouré, jusqu'à la dernière heure, de soins pleins d'un dévouement respectueux. Des cris perçants révèlent aux voisins le malheur qui vient de frapper la famille ; la case s'emplit de parents et d'amis. On appelle les individus chargés des détails qui précèdent les funérailles ; ils dépouillent le corps, le lavent à trois reprises dans une eau différente ; ils lavent aussi les linges *blancs* dont le corps doit être enveloppé. La sépulture a lieu sans retard : le climat est si dévorant ; le corps, tout chaud encore, si c'est possible, est transporté au champ du repos, sous la conduite d'un marabout. Le lieu est planté d'arbres ; tout y est sacré à ce point qu'il est rigoureusement défendu de toucher aux branches mortes. Pendant qu'on creuse la fosse, les parents, les amis emplissent l'air de leurs gémissements et de leurs cris. A côté de la douleur vraie on remarque, à ses éclats factices, celle de certaines femmes qui pleurent à prix d'argent.

Lorsque la dépouille mortelle de l'homme a été confiée à la terre, on immole sur la fosse un bœuf dont la chair est distribuée aux assistants; ensuite un large repas, avant lequel les pauvres ont reçu d'abondantes aumônes, réunit dans la maison mortuaire les parents et les amis.

Ceux qui ont assisté à la cérémonie vont saluer les veuves. « Mais si, après ces compliments de « condoléance, ils revenaient directement à leur « maison, un grand malheur ne manquerait pas « de frapper bientôt leur famille. » Aussi ont-ils soin de faire, avant de rentrer chez eux, de nombreux détours.

Pendant ce temps, les femmes restées à la maison ont besoin de l'assistance *de la sœur* du défunt. Si elles ont entretenu avec elle, pendant la vie du mari, des relations amicales, elle accourt; si au contraire il règne entre elles quelque désunion, elle temporise: c'est une vengeance... car seule elle peut accomplir la cérémonie importante qui consiste à dénouer les cheveux des veuves. Tant que cet acte n'a pas eu lieu, celles-ci doivent rester dans la case du mari, accroupies et immobiles.

Cependant *la sœur* est arrivée ; elle défait la chevelure des femmes et habille chacune d'elles d'un des *boubous* du défunt; s'il n'en a laissé qu'un, *l'awhô* le porte. La toilette finie, chaque femme rentre dans sa case. Pendant quatre mois et dix jours, la tête couverte d'un pagne, elles ne peuvent recevoir personne, surtout un homme; elles ne sortent que dans la soirée du *vendredi*, pour aller solliciter la charité des voisins : le produit de leur quête sert à les nourrir. Voici, et c'est un détail assez curieux, comment l'aumône est demandée et reçue. La veuve se présente à la porte d'une case; le premier venu l'ayant annoncée, la maîtresse de la maison se hâte d'apporter son offrande; c'est ordinairement du *couscouss* contenu dans une grande cuiller en bois. Mais la maîtresse de la maison se considérerait comme sous le coup d'un funeste présage si elle voyait la figure de la veuve avant que celle-ci n'ait touché ce qui lui est destiné; aussi s'avance-t-elle à reculons, tendant la cuiller derrière elle; la veuve la prend, dispose du contenu, puis la jette au loin. Alors les deux femmes se saluent, la veuve entre et sollicite la générosité des personnes présentes; il lui est toutefois interdit de s'asseoir sur le lit d'une femme mariée. Un usage, en quelque sorte sacré, force les hommes à fuir la présence d'une veuve pendant la période du deuil. Si, pour quelque cause extraordinaire, la veuve est obligée de sortir dans le jour, elle doit s'envelopper la tête et tenir à la main un poignard (*gobar*); à la vue de cet instrument, les hommes sont obligés de laisser libre le chemin que suit la veuve.

Une femme mariée qui se couvre par mégarde du pagne d'une veuve appelle la mort sur la tête de son mari; si elle le fait volontairement, c'est un crime.

Lorsqu'au moment du décès du mari la femme est enceinte, elle n'accomplit qu'après l'accouchement les cérémonies du deuil.

A la mort de la femme, le mari reste enfermé pendant huit jours, la tête entourée d'un des *nankous* de la défunte. Le *nankou* est une bande d'étoffe de coton que les femmes roulent autour de leurs bonnets.

Les enfants ne portent le deuil ni de leur père ni de leur mère.

CHAPITRE VIII.

Des successions.

Le frère du défunt est tenu, par la coutume, d'épouser toutes les femmes de son frère; mais lui-même peut avoir épuisé son droit et se trouver déjà à la tête de trois ménages; dans ce cas il doit faire un choix entre ses anciennes et ses nouvelles femmes. Celles qu'il abandonne ainsi, par une sorte de répudiation, se réfugient dans leur famille, emportant leur dot et leurs hardes. Dès ce moment elles ont la liberté de se remarier. Dans le cas où une des veuves refuserait, comme c'est son droit, de s'unir à son beau-frère, elle doit sortir de la maison, en y laissant sa dot et tout ce qui est provenu de son travail.

L'oncle exerce sur ses neveux et nièces une tu-

3,

telle légale; il administre, pendant toute sa vie, les biens du défunt.

Si le défunt n'a pas laissé de frère, le fils aîné prend la direction de la famille; les autres enfants lui doivent obéissance. Les veuves entrent en possession de leur dot, et, tant qu'elles ne se remarient pas, elles peuvent habiter la maison.

Le frère du défunt est tenu, sauf son recours contre la succession, de payer les dots des femmes qu'il n'a pas épousées et de désintéresser les créanciers de son frère. Le fils, à défaut d'oncle, est obligé aussi à l'acquittement des dots et au payement des dettes.

Les enfants arrivés à un certain âge peuvent exiger qu'on les mette en jouissance de leurs revenus. Les mâles ont une part double de celle des filles; mais le chef de famille, quel qu'il soit, s'approprie le produit du travail des enfants et des captifs. Les premiers, cependant, ne doivent qu'une moitié de leur temps; le produit de l'autre leur appartient; car, si le chef de la famille leur doit la nourriture en échange de leur travail, il n'est pas obligé de les entretenir.

Les biens d'une femme décédée appartiennent à son enfant; ils sont remis, en présence des deux familles, au père, qui en la jouissance, comme il est dit ci-dessus.

Mais le droit de succession ne profite qu'aux enfants et descendants. Malgré l'existence de collatéraux, même au degré le plus proche, lorsqu'un habitant du CAYOR, homme ou femme, meurt sans laisser de postérité en ligne directe, ses biens appartiennent au *damel* (roi).

CHAPITRE IX

Hiérarchie sociale.

On trouve au Cayor des princes, des nobles, des roturiers et des esclaves. Au-dessus de ces classes se place la famille royale ; elle est, en ce moment, divisée en deux branches : la branche *Maïor* et la branche *Gueïdghe ;* la première est dépossédée depuis longtemps. Quand un de ses membres est à la tête du pays, il habite M'Boul, grand village situé à l'orient de Guiguis, capitale de la branche *Gueïdghe*, actuellement régnante.

Quoique le droit de succession au trône soit défini par la coutume, la royauté ne se transmet pas cependant par principe absolu d'hérédité ; elle ne peut être exercée qu'en vertu d'un choix, par une sorte d'élection dont on va exposer les règles.

Lorsqu'il y a lieu de désigner un *damel,* le *diaw-*

dine boul, chef héréditaire des *diambours* (hommes libres de naissance), convoque plusieurs princes, parmi lesquels les trois qui suivent ont seuls, avec lui, le droit de procéder à l'élection : le *tchialaw*, chef du canton de Diambagnane; le *bóotale*, chef du canton de N'diop, et le *badgié*, chef du Gatègne. Ce conseil, à la majorité, proclame le nouveau *damel;* mais le choix ne saurait être arbitraire, car il doit porter sur un membre de la famille royale. Aucun de ces chefs électeurs ne peut aspirer à la souveraineté.

Le *damel* doit être né dans le pays d'un prince et d'une princesse de la race royale : c'est là une condition rigoureuse; le *damel* actuel, élu l'année dernière, en est une preuve vivante. Voici, en effet, pourquoi il a été choisi, à l'exclusion de son propre père.

Le grand-père de ce *damel*, nommé *Biraïma*, avait épousé *Coudou Coumba*, princesse du pays de Saloum; il en eut un fils qui, s'étant uni à une princesse du Cayor, procréa le *damel* actuel, dont le nom est *Biraïma II*. Lorsque, l'année dernière, le précédent *damel* mourut, *Mankodou*, fils de *Biraïma Ier*, fut exclu parce que, du côté de sa mère, il ne réunissait pas les conditions voulues par la loi. Son fils lui ayant été préféré, *Mankodou*, irrité, est sorti du pays, s'est retiré dans le Dgioloff, où il a cherché à réunir quelques forces. *Mohamed el Abid*, roi des TRARZAS, qui ne néglige jamais l'occasion d'augmenter son influence, lui a promis son appui, et a osé sommer le *damel* d'avoir à céder la place à son père. Tel est l'état des choses au CAYOR en ce moment (mars 1855).

Quand le nouveau *damel* a été proclamé par le *diawdine boul*, il doit offrir à ses électeurs un présent composé de *dix de tout*, pour nous servir d'une expression locale, bœufs, moutons, chevaux, captifs, pagnes, mil, etc., etc.

Mais l'élection serait entachée d'un vice radical si le nouveau souverain ne recevait pas la couronne des mains du *diawdine;* aussi celui-ci se hâte-t-il, suivi de tous les chefs et d'une masse de peuple, de se rendre à GUIGUIS ou à M'BOUL pour y accomplir la cérémonie.

Dans une grande plaine affectée uniquement à ces solennités s'élèvent des monticules de terre créés de main d'homme. Chaque *damel* a le sien; ils sont entretenus avec soin. On construit celui qui doit servir au nouvel élu, et, le jour fixé, il va s'asseoir au sommet. Le *diawdine* s'avance alors avec pompe, et offre au *damel*, contenues dans un vase, les semences de tous les végétaux que produit le CAYOR; offrande symbolique dont il est facile de saisir le sens. Puis le *diawdine* place sur la tête du nouveau roi la couronne qui a servi à ses ancêtres : c'est un turban orné d'écarlate et de *grigris* (amulettes) en or et en argent. Le *damel* étant resté exposé pendant un certain temps à la vue de son peuple, des hommes vigoureux l'enlèvent, le placent sur une sorte de litière découverte et le transportent dans un bois sacré, situé hors de sa capitale; il séjourne là pendant huit jours. Après cette retraite il peut exercer les pouvoirs de la royauté.

Nous avons dit plus haut que le trône était occupé, en ce moment, par la branche de *Gueïdghe*. Le lecteur trouvera peut-être intéressant que nous lui fassions connaître comment eut lieu, au dire des hommes du Cayor, la dépossession de la branche *Maïor*.

De temps immémorial cette dernière branche avait eu en mains l'autorité souveraine. Il y a environ cent ans, *Thiéyacine* était *damel;* ce prince avait trois fils. *Latcodou* et *Biramcodou*, fils de la même mère, princesse de la race *Maïor*, possédaient toute l'affection de leur père; le troisième, *Lapsoukabé*, fils d'une femme de la race *Gueïdghe*, objet de l'indifférence paternelle, entendait sans cesse les allusions les plus méprisantes à la pauvreté de sa mère et à l'état d'abaissement dans lequel la race maternelle était tombée. Il supportait avec résignation ces dédains et ces insultes, et se soumettait sans murmure aux travaux, toujours les plus pénibles, que lui imposaient son père et même ses frères.

Cependant *Thiéyacine* avait remarqué que, sous cette apparence de douceur et de résignation, *Lapsoukabé* cachait une vive intelligence et un grand courage; il n'était pas sans inquiétude sur le sort réservé, après sa mort, à ses enfants préférés. Voulant se faire dévoiler les mystères de l'avenir, il consulta son grand *marabout;* celui-ci lui dit : « Tuez un mouton; faites préparer un couscouss; « envoyez aux trois frères leur nourriture dans « une seule calebasse: celui qui mangera la chair « de la tête sera *roi* après vous. »

Or, *Thiéyacine*, plein de confiance en la prédiction, résolut de tenter cette épreuve. Un jour il envoya ses trois fils aux champs pour y recueillir du fourrage de pistache. Les fils de la branche *Maïor*, qui ne négligeaient aucune occasion d'humilier leur frère, lui dirent : « Monte sur cet arbre; tu étendras sur ses branches l'herbe que nous te jetterons; » ce qui est d'ordinaire la tâche d'un esclave. *Lapsoukabé* obéit. Pendant le travail survint une captive portant, sur la paume de la main, une calebasse de couscouss; à la surface apparaissaient les entrailles, une partie de la chair et la tête du mouton.

Lapsoukabé voulait descendre et prendre sa part

du plat commun, mais ses frères lui dirent : « Achève « ta besogne, tu mangeras après nous. » C'est une marque de mépris. Ils commencèrent donc leur repas, après avoir placé sur le *layou* (couverture en paille tressée) qui recouvrait la calebasse une part de couscouss et la tête du mouton, partie de l'animal la moins estimée. Ils disaient entre eux : « Ceci « sera assez bon pour lui. »

Cependant *Lapsoukabé*, ayant achevé sa tâche, descendit, prit son repas, et dut, à défaut d'autre viande, manger celle de la tête.

A leur retour, *Thiéyacine* s'informa avec empressement de ce qui s'était passé. Les deux préférés racontèrent comment ils avaient fait la part de leur frère. Le père troublé, mais dissimulant ses impressions, les congédia, et, mandant de suite le grand marabout, lui dit : « Il faut que votre pré« diction soit fausse; c'est *Lapsoukabé* qui a mangé « la tête du mouton : comment pourrait-il me suc« céder? Sa mère et la branche dont elle sort sont « misérables et méprisées... » Mais le marabout soutint que celui qui avait mangé la tête serait roi.

A quelque temps de là, une guerre survint entre le CAYOR et le BAOL; les trois frères se mirent chacun à la tête d'un corps d'armée. Dans un combat, *Latcodou* et *Biramcodou* furent blessés; *Lapsoukabé* revint au contraire sans blessures, et, à leur retour, il se trouva que le roi, leur père, était mort. Or les coutumes s'opposent invinciblement à ce qu'on élise *damel* un homme blessé ou malade. Pleins de respect pour cette loi, les deux aînés dirent aux chefs des *diambours* : « Le pays ne peut rester sans souverain; couronnez *Lapsoukabé;* qu'il gouverne le CAYOR jusqu'à ce que l'un de nous soit guéri.» Mais un des deux frères mourut de ses blessures, et la guérison de l'autre se fit attendre longtemps...

Cependant *Lapsoukabé* savait tirer parti de sa position; il cherchait et se faisait des partisans. Quand il lui était survenu quelque bien, au lieu de s'en approprier les deux tiers, selon la coutume, il abandonnait le tout aux *kiédos* (guerriers). Il protégeait les faibles, punissait les malfaiteurs et réprimait le brigandage; aussi ne tarda-t-il pas à obtenir l'affection du peuple.

Sur ces entrefaites, son frère, étant parvenu à une guérison complète, le somma de lui remettre la couronne. *Lapsoukabé*, quoique se trouvant bien à cette place et voulant la garder, hésitait cependant à violer la coutume des ancêtres. Il se détermina à prendre l'avis du *diawdine* qui, le voyant le plus fort, n'hésita pas à se ranger de son parti et lui conseilla de livrer bataille. *Lapsoukabé*, vainqueur, força son frère à sortir du

Cayor; celui-ci se réfugia dans le Baol, où il séjourna jusqu'à sa mort. Depuis ce temps, la branche *Gueïdghe*, devenue riche et puissante, s'est maintenue sur le trône, et celle *Maïor* n'est allée qu'en déclinant.

Le *damel* ne peut être choisi que parmi les princes de la famille royale pourvus du grade soit de *diambor*, chef des nobles, soit de *boumi*, deuxième chef, soit de *bédienne*, troisième chef. Chacun de ceux-ci administre un certain canton: le diambor, Bavore; le boumi, Gourane, et le bédienne, m'Bédienne. Ceux à qui le *damel* a conféré les titres que nous venons d'énumérer sont donc ses héritiers présomptifs.

Les femmes ne peuvent jamais être *damel*.

Dans un degré inférieur, sans qu'ils puissent aspirer à l'autorité souveraine, nous trouvons des chefs plus ou moins influents : ce sont ordinairement des membres de la famille royale, fils de rois et de femmes qui n'étaient pas princesses. C'est ainsi que nous rencontrons le *diogomaye*, qui administre le canton de Gnionboul; le *berguette*, celui de Guette; le *diawdine guiguen*, celui de Bakrol; le *guignak*, le canton de ce nom; le *gankal*, celui de Varague; le *guiemboul*, le canton de Gniangue; le *dieugueune*, celui de Lékate; le *chtieme*, celui de Gandiol, et le *beytoubé*, le canton de Leybar.

Tous ces chefs sont nommés par le *damel;* mais cette nomination n'est qu'une investiture, car la charge se transmet par droit héréditaire et de mâle en mâle. Au moment de leur nomination, et avant d'entrer en fonctions, ils doivent faire au *damel* un présent dont il fixe lui-même l'importance. Quand la loi d'hérédité, qu'il a été obligé de suivre, contrarie ses goûts ou ses affections, le cadeau ne lui paraît jamais suffisant, tandis qu'il est satisfait de la moindre bagatelle si le chef jouit de ses bonnes grâces. Le même procédé se reproduit de la part du chef de canton vis-à-vis des inférieurs, à qui il donne aussi l'investiture.

On le voit, le système féodal règne au CAYOR. Si ce travail comportait des comparaisons, il nous serait facile de faire ressortir la curieuse analogie que nous rencontrons entre l'organisation sociale de ce pays et celle de l'Europe dans les temps anciens.

CHAPITRE X.

De la justice.

Le *damel* est le juge souverain du royaume. Chaque chef de cercle exerce une juridiction que nous allons faire connaître. Enfin, les chefs de village rendent la justice dans les affaires de peu d'importance.

Si le chef est illettré, il doit choisir un homme instruit qui l'assiste : c'est ordinairement un marabout; mais la sentence que dicte ce marabout est toujours prononcée par le chef.

Si, dans une affaire civile ou de police, l'une des parties a lieu de n'être pas satisfaite du jugement rendu par le chef du village, elle peut faire appel au chef du canton. Lorsque ce dernier a rendu une sentence, elle est définitive pour les gens de la basse classe; mais un grand *diambour* peut en appeler au

4

damel. Le chef de canton, saisi d'une affaire qui lui paraît délicate ou compliquée, a la faculté de la renvoyer au *damel*.

Quand il s'agit d'un délit léger, le chef du village condamne à une amende dont le montant lui appartient. Pour les crimes, ce chef en réfère à celui du canton, qui peut lui-même en déférer la connaissance au *damel*.

Le chef du village exerce la police sur son territoire. Voici quelques cas où son autorité intervient. Quand une femme qui n'a pas le *tak* devient enceinte, elle encourt la confiscation de tous ses biens ; à défaut de biens, elle est condamnée à une amende qu'elle doit payer au moyen d'un travail forcé, après quoi elle est expulsée. Une esclave met au monde des jumeaux : la mère et les enfants deviennent la propriété du *damel*. Le soupçon de sorcellerie, conçu contre une famille ou un de ses membres, amène la confiscation de toute la famille. Un captif, des animaux étrangers sont rencontrés sur le territoire du CAYOR : ils appartiennent au *damel* par droit d'aubaine. Les débris, les marchandises provenant d'un navire naufragé sont la propriété du roi, etc., etc.

Le voleur qui pénètre la nuit dans une habitation peut être impunément mis à mort. Le mari a le droit de tuer l'homme surpris en adultère avec sa femme; mais il ne peut que chasser celle-ci, dont les biens, déduction faite de la dot, qui retourne au mari, sont confisqués au profit du *damel*.

Le meurtrier d'un *diambour* est mis à mort par ordre du *damel*.

Si un *diambour* a commis un meurtre sur une personne de la classe inférieure, le *damel* le condamne à une réparation pécuniaire.

Si le meurtrier, quel qu'il soit, prend la fuite, le *damel* confisque ses biens et ceux de sa famille; il réduit celle-ci en esclavage.

Le voleur est, selon les circonstances, condamné à mort, à la perte de la main, d'une oreille, ou à être fouetté. Le *damel* seul a le droit de prononcer les sentences qui entraînent mort ou effusion de sang.

Si les principes que nous venons d'exposer recevaient une application exacte, nous devrions reconnaître que cette société ne manquerait ni de sécurité ni de garanties; mais ce système de chefs héréditaires, ayant tous une influence propre et des droits à peu près indépendants du souverain, a amené ici, comme en Europe quand il y florissait, des désordres affreux, que le *damel* est, la plupart du temps, impuissant à réprimer. Les chefs, unis entre eux par les liens solidaires de la confédération, exercent les exactions les plus odieuses, et le *damel* lui-même ne trouve guère que dans le pillage des ressources et des moyens d'influence. Cependant il soulèverait une sédition s'il s'avisait de piller les propriétés des anciens *diambours*. Sa rapacité ne peut s'exercer, et elle n'y manque pas, que sur les villages de nouvelle formation, peuplés d'émigrés.

Malgré ses imperfections, la police a cependant, à un point de vue relatif, une telle supériorité au Cayor sur celle des pays voisins que le royaume sert de refuge aux malheureux des contrées environnantes, forcés par la cruauté des Maures Trarzas ou les dissensions intestines à abandonner leur patrie.

CHAPITRE XI.

Des esclaves en général, et de ceux du damel en particulier.

Tous les *diambours* peuvent posséder des esclaves (*dgiam*). La condition de ceux-ci est loin d'être rude ; ils font, en quelque sorte, partie de la famille. Le maître les traite avec douceur et ne leur impose qu'un travail modéré. Les esclaves cultivent la terre du maître; mais ils ne doivent leur travail que pendant les deux tiers du jour; ils emploient le surplus, soit à cultiver un champ dont les productions leur restent, soit à tisser des pagnes. Les esclaves des particuliers ne peuvent être que cultivateurs ou tisserands.

L'esclave peut obtenir la liberté de la générosité de son maître ou à prix d'argent. Si sa condition est intolérable, il peut, malgré son maître, sortir de ses mains, en vertu d'une coutume singulière observée comme loi dans toute la Sénégambie; il lui suffit de couper, en tout ou en partie, l'oreille d'un homme ou d'un enfant libre, et il passe avec sa femme et ses enfants sous la domination de celui qu'il a blessé. Son ancien maître pourrait, il est vrai, le reprendre en payant le prix du sang; mais, pour ce cas spécial, les mœurs fixent un prix tellement élevé qu'une fortune royale n'y suffirait pas, de sorte que le captif vit dans la famille qu'il s'est ainsi choisie. Le droit de celui dont le sang a été versé serait cependant de tuer le captif, mais il n'en use jamais.

L'éliman du DIMAR était tellement renommé pour sa douceur que depuis longtemps il n'avait plus d'oreilles.

Un ancien esclave ou ses descendants doivent toujours un respect profond à un homme libre d'origine. Seraient-ils riches, comme il n'est pas rare d'en rencontrer, ils sont tenus de saluer tout *diambour* qui passe. Si le *diambour* les injurie ou les maltraite, ils ne peuvent ni répondre ni riposter. Un homme qui a eu pour ancêtre un esclave ne doit jamais s'asseoir sur un siége en présence d'un *diambour;* il s'accroupit devant lui. Il n'y a pas d'alliance possible entre un ancien esclave ou ses descendants et la fille d'un *diambour*.

Quand le travail de la terre a cessé, que la récolte est faite, les esclaves se répandent dans le pays pour exercer le métier de tisserands. Le produit de ce travail leur appartient; mais ils doivent revenir à la maison vers le commencement des pluies (juin), moment où se fait la préparation de la terre.

Le maître a un droit de correction sur son esclave; il peut même le tuer pour un motif grave.

Les esclaves s'unissent entre eux; ils font le *tak;* mais le maître peut rompre cette union en vendant un des deux époux. Il a le droit également de séparer l'enfant de sa mère; il suffit que l'enfant soit sevré.

Le roi et les princes ont, comme on le pense bien, des esclaves en grand nombre.

La condition de ceux-ci diffère essentiellement de celle de l'esclave d'un particulier. L'esclave du *damel* ou d'un chef influent n'échangerait certainement pas sa position contre celle d'un *diambour* ordinaire. Vivant dans la maison des chefs, il y acquiert une influence qui le rend redoutable et le fait respecter.

Lès esclaves du *damel* et des princes sont tous guerriers (*kiédos*). Ils combattent à pied ou à cheval; ils forment la garde de leurs maîtres. Les princes n'oseraient jamais confier leur personne à d'autres qu'à leurs esclaves. Ceux-ci font la police du pays; en temps de paix, ils se répandent partout, observent les événements, étudient les dispositions des habitants, et rendent compte à leurs maîtres. Comme il n'est pas rare que leurs rapports mensongers attirent une disgrâce qui se manifeste toujours par un pillage, on ne saurait s'imaginer de quel empressement ces *kiédos* sont l'objet quand ils se présentent quelque part. « Nous les redoutons, disent « les gens du CAYOR, *car ils ont l'oreille des princes*. »

Le *damel* a autour de lui un peuple de captifs (esclaves) qui se partagent certaines charges dont les possesseurs inspirent une grande terreur.

Les uns sont attachés à sa personne, d'autres exercent leurs fonctions au dehors.

La première dignité de la cour est celle de *diarraffseuff*: c'est le ministre de la guerre; il commande la garde, ne peut jamais s'éloigner de la résidence du roi; et marche toujours à ses côtés. Pendant le combat, il a sous ses ordres le corps de réserve, troupe d'élite qui ne donne qu'à la dernière extrémité; tout est perdu si elle ne met pas l'ennemi en fuite. Le *diawdine boul*, dont nous avons parlé déjà, et le *diarraffseuff* ont seuls leurs entrées libres chez le *damel*.

Après le *diarraffseuff* se place le *diarraff bir keur*: c'est l'intendant de la maison; il a la surveillance des serviteurs; il veille à la conservation des valeurs appartenant au *damel*. Les ordres que celui-ci donne dans son intérieur sont toujours transmis par le *diarraff bir keur*, qui veille à leur stricte exécution.

On pénètre dans la maison du *damel* par deux portes : la grande, appelée *bountou keur*, par laquelle s'introduisent les serviteurs et ceux que le *damel* reçoit ouvertement, est sous le commandement et la surveillance d'un dignitaire dont le titre est *diarraff bountou keur;* l'autre est située derrière la maison; elle sert aux agents secrets, et se nomme *pott;* le chef qui la garde est désigné sous le nom de *diarraff pott.*

Les serviteurs mâles d'un rang inférieur s'appellent *beuquénégue*, les femmes *n'doukane.*

Le *damel* a, en outre, quatre sortes de ministres, qui ont des résidences séparées : le *diarraff gniambour*, le *diarraff ramane*, le *diarraff gourane;* ils sont chargés de percevoir les contributions et de payer certaines dépenses du *damel.*

Il existe au Cayor des *Puelhs*, hommes de cette race nomade répandue dans toute l'Afrique, dont l'occupation unique, en Sénégambie, est l'élève des bestiaux. Ceux qui passent ou séjournent dans le Cayor sont soumis à un tribut que perçoit le quatrième ministre, appelé le *dgialy gueye.*

Quand un chef du Cayor ou un étranger veut avoir une entrevue avec le *damel*, il se rend au *Pench;* de là il envoie un homme de confiance auprès du *diarraff bountou keur*, lui annoncer sa venue et le prier de prendre les ordres du *damel*. Celui-ci ne refuse jamais positivement l'audience demandée; mais, si la visite lui déplaît, il retarde l'entrevue de jour en jour, sous divers prétextes, jusqu'à ce que le visiteur impatienté quitte le pays. Dans le cas contraire, le voyageur ne tarde pas à être admis en présence du roi. Tout visiteur, logé dans un lieu convenable désigné par le *damel*, est nourri, selon sa condition, aux frais de celui-ci.

La mort du *damel* est tenue très-secrète pendant huit jours au moins; ce temps est employé à enterrer le défunt le plus secrètement possible. Le lieu de la sépulture est toujours enveloppé du plus profond mystère; car, « si la branche qui ne règne plus pouvait se « procurer un os du décédé, et principalement une « omoplate, elle ferait un *grigri* qui aurait la vertu « infaillible de lui donner le trône. »

Quand la sépulture a eu lieu, on habille un mannequin des vêtements du défunt, et la mort est annoncée. Les funérailles officielles se font en grande pompe; les chefs et le peuple accourent en foule, et le mannequin, transporté par la porte de derrière (*pott*), est confié à la terre.

CHAPITRE XII.

Des prêtres de la religion musulmane ou marabouts.

La religion musulmane, dont les préceptes sont très-mal observés, surtout en ce qui concerne les liqueurs alcooliques, règne exclusivement au CAYOR; elle est enseignée par des espèces de ministres qui prennent le nom de *marabouts*.

Pour se dire *marabout* il suffit de savoir lire l'arabe; celui qui peut écrire dans cette langue arrive à un degré de considération supérieur.

Le *marabout* en fonction dans un village est tenu de prêcher la paix et la bonne harmonie. Il abuse généralement de son influence pour entretenir des superstitions dont il tire profit; mais, représentant d'une idée religieuse, il se montre encore le moins barbare entre tous. Quand il joint à son titre celui de chef du village, il rend la justice; sinon il assiste et éclaire le chef, ainsi que nous l'avons dit.

Dans chaque village on rencontre un nombre de *marabouts* proportionné au chiffre de la population; leur occupation habituelle consiste à faire l'éducation des enfants.

Quand une famille a confié son enfant à un *marabout*, elle ne peut plus, à moins de motifs très-graves, le lui retirer. L'enfant demeure dans la maison de son instituteur, le suit partout et l'aide à cultiver son champ; le *marabout* doit le nourrir, mais les parents sont tenus de le vêtir.

L'éducation est terminée au moment où l'écolier (*taliba*) sait lire et écrire, ou à peu près. A titre de rémunération obligatoire, un homme d'un certain rang ne peut offrir moins d'un captif ou d'un cheval; pour les classes inférieures, le prix est moindre. Tant que le marabout n'a pas reçu son salaire, il peut retenir le *taliba*, et celui-ci doit travailler jusqu'à ce qu'il ait produit la somme déterminée par l'usage.

Huit jours après la naissance, au moment où *la sœur* du mari donne un nom à l'enfant, le marabout égorge le mouton; il reçoit sa part de la victime.

Quand il fait la cérémonie du *tak*, il a droit à un pagne ou à sa valeur.

Lorsqu'il y a fête dans une famille, on considère comme un devoir d'envoyer au marabout une calebasse de couscouss.

Le marabout qui a présidé à la sépulture doit recevoir une paire de pagnes et une part du bœuf immolé sur la tombe. Au jour du *tabaski*, grande fête chez les Woloffs, personne ne se dispense de faire immoler un mouton par le marabout. « Ce « mouton, en effet, se transformera en cheval au « jour du jugement dernier. Or, à ce jour, la cha« leur sera très-vive; ceux qui devront se rendre « au lieu où doit être prononcée la grande sen« tence auront moins à souffrir s'ils se sont ména« gé une bonne monture. La monture sera préféra« ble à toute autre si on a sacrifié un bélier. »

Le marabout particulièrement attaché à la personne du *damel* porte, dans les cérémonies publiques, un sabre nu : c'est le symbole de la loi.

Un bon musulman, et surtout un marabout, doit obligatoirement faire sa prière (*salam*) cinq fois par jour.

Le premier *salam* a lieu entre trois et quatre heures du matin, lorsque le coq chante. « A ce mo« ment, d'après les Woloffs, *le soleil se lève sur* « *la Mecque*. » Cette prière s'appelle *souba*. Le second, à deux heures après midi : c'est le *tesbarr;* le troisième, ou *takoussane,* à quatre heures ; le quatrième, *timiss*, lorsque le soleil se couche; le cinquième, ou *guéei*, à neuf heures.

Quand il en a le temps, il ne doit pas manquer de faire deux prières supplémentaires: la première, qui s'appelle *feynangué*, se place à huit heures du matin; l'autre, *nafila*, à minuit.

CHAPITRE XIII.

Des kiédos.

Kiédo veut dire soldat. Les *kiédos* composent la force armée permanente du pays. On est *kiédo* jusqu'à sa mort. Tous les captifs des princes sont *kiédos;* mais on trouve des hommes libres dans leurs rangs. Certains villages ne sont peuplés que de *kiédos;* cependant ils sont répandus et habitent un peu partout. Jeunes, l'abus des boissons alcooliques les rend querelleurs, fourbes et méchants; mais, lorsque l'âge a amorti leurs passions, il n'est pas rare de les voir livrés à la pénitence et aux pratiques les plus rigoureuses de la religion; ils suivent alors un marabout et font exactement le *salam* avec lui.

CHAPITRE XIV.

Cultivateurs et bergers.

Ceux-ci, de condition inférieure, se nomment *badolos*. Le *badolo* est un pauvre ne gagnant sa vie qu'à la sueur de son front. Ils doivent un double tribut à leur seigneur féodal, car la terre n'appartient qu'à un petit nombre de princes et de chefs héréditaires. Ils sont d'abord tenus de payer une redevance annuelle au seigneur pour le champ qu'ils veulent mettre en culture; après la récolte ils lui doivent la *dîme* (*assaka*). Tous les cultivateurs doivent faire au marabout un léger cadeau sur les produits de leur récolte. De plus, chaque famille est taxée, pour le champ du marabout, à trois journées de travail.

CHAPITRE XV.

Des hommes de métiers.

La basse classe, connue sous le nom de *gniégno*, comprend les musiciens, les tisserands, les forgerons, les cordonniers et ceux qui travaillent le bois.

Chaque catégorie de cette classe est distinguée par un nom particulier.

Il y a trois espèces de musiciens : les uns chantent, d'autres battent le *tamtam*, les troisièmes jouent du violon. Ils sont tous connus sous le nom générique de *guéwoual* (griots).

Le nom des tisserands est *mabôo;* des forgerons, *teugue;* des cordonniers, *oudé;* des travailleurs de bois, *seigne.*

Personne ne peut changer de condition ; le fils doit exercer le métier de son père. Dans chaque profession il y a, nommé par le *damel*, un chef dont l'autorité s'étend sur toute la classe.

Le *fara kralbann*, ou chef des joueurs de violon (*kralbam*), reçoit du *damel* avant le couronnement un beau cheval.

Le chef des cordonniers (*fara oudé*) a le droit de s'approprier, à la suite d'un pillage, tous les bœufs estropiés.

Quand le *damel* veut exercer sa justice ou des rapines sur une des classes dont nous venons de parler, il en charge le chef, qui reçoit toujours une part du butin.

Les travaux manuels nécessaires au *damel* sont faits gratuitement par les ouvriers du pays, que leur chef convoque, à cet effet, dans un lieu déterminé. Pendant qu'ils accomplissent cette corvée, le *damel* les nourrit, et, s'il est satisfait de leur travail, il les récompense par un cadeau.

Tous ces *gniégnos* peuvent se marier entre eux, mais il est défendu à tout le monde de contracter alliance avec les musiciens (griots). Ceux-ci, rebut de cette singulière société, ne s'allient que dans leur race; ils n'ont pas même droit à la sépulture. Après leur mort, on les jette dans le creux d'un arbre, ordinairement un *boabab;* « car, si on les en-
« terrait, le sol du canton, privé de pluie, devien-
« drait à tout jamais stérile. »

CHAPITRE XVI.

Organisation de la force armée; manière de combattre.

Lorsque le *damel* veut entrer en campagne, il convoque tous les princes et chefs héréditaires ; chacun d'eux est tenu de marcher avec ses *kiédos*. Celui qui refuse son concours est déclaré traître, et le *damel*, après avoir confisqué ses biens, le dégrade et le chasse du pays.

Les *badolos* se rendent quelquefois à l'armée; c'est une sorte de milice qui combat toujours à pied; mais sa présence n'est ni obligatoire ni désirée.

Chaque prince ou chef commande son contingent. Ils ont tous un drapeau particulier (*raïé*), qui est porté par le *saltigué* de la troupe (l'homme reconnu pour le plus brave).

Les corps apportent leurs vivres et leurs armes.

Chaque troupe arrive ordinairement le même jour au lieu indiqué comme point de rassemblement.

Pendant la marche, un corps de cavalerie monté sur les meilleurs chevaux éclaire la route. Le *damel* a son poste à l'arrière-garde, au milieu du corps de réserve, que commande le *diarraffseuff*.

Si les éclaireurs ont annoncé l'approche de l'ennemi, le *damel* s'arrête, ordonne au corps de réserve de camper, et le reste de l'armée, sous les ordres d'un chef, s'avance vers l'ennemi.

Deux armées ne s'engagent jamais de manière à livrer une bataille générale. Voici leur méthode pour combattre.

Les adversaires étant en présence, un des corps marche vers l'ennemi, qui se tient immobile. Quand ce corps est ou se croit à bonne portée, il décharge ses armes (fusil à silex); puis il se retire plus ou moins lentement devant un parti opposé, qui fait exactement la même manœuvre. L'arme n'est jamais rechargée à portée des coups de l'ennemi. Ils exécutent ainsi une sorte de parade dans laquelle le courage et l'enthousiasme jouent un très-mince rôle.

Pendant ces prétendues prouesses, des messagers viennent rendre compte au roi des incidents de la bataille, et rapportent auprès de lui les blessés.

Cependant, dans ces mouvements alternatifs,

l'armée qui a fait essuyer à l'autre les pertes les plus considérables gagne du terrain. Quand le *damel* ou son ennemi juge, au bruit des coups de fusil, que son armée avance ou recule, le vainqueur se met en mouvement pour porter les derniers coups avec la réserve. Celui dont la troupe a plié se hâte de prendre la fuite; s'il hésite, on le met de force sur un cheval dont on excite l'ardeur par des coups.

Le vainqueur enterre ses morts et ceux du parti ennemi d'une condition élevée; le reste est abandonné en pâture aux bêtes féroces ou aux oiseaux de proie. *Enterrer ses morts* est si bien le signe infaillible de la victoire que, pour désigner l'armée victorieuse, on dit : *celle qui a enterré ses morts*.

Les prisonniers sont esclaves. Le mot *dgiam*, que nous traduisons très-exactement par captif, signifie un objet pris à la guerre.

Les vaincus peuvent se racheter; s'ils ne le font pas, ils sont vendus à l'étranger.

Le *damel* a des cavaliers qui le suivent à la guerre. Cette cavalerie ne s'engage jamais seule dans les bois, les broussailles ou les hautes herbes. Après le combat elle charge les fuyards, ramasse les prisonniers et le butin. S'il s'agit d'enlever un village, elle le cerne pendant que l'infanterie l'attaque.

Le cavalier est armé d'une lance et d'un mousquet; quelques-uns ont des pistolets.

Le *damel* fournit la poudre; il a, à cet effet, dans sa capitale, un magasin plus ou moins bien approvisionné. A l'approche du combat, les chefs reçoivent une quantité de munitions proportionnée à la force de leur contingent.

Sur les *razzias* faites dans l'intérieur du pays par l'ordre du *damel*, les deux tiers lui appartiennent, mais il n'a que la moitié du butin pris après un combat ; le reste revient aux chefs et aux soldats, qui, ici comme ailleurs, ont soin de dissimuler la plus grande partie de leurs prises.

CHAPITRE XVII.

Métiers, industrie.

La première et principale occupation des *badolos*, qui forment la masse du peuple, consiste à cultiver la terre. Nous n'indiquerons pas ici leur méthode: leurs procédés sont ce qu'on peut imaginer de plus primitif; mais nous allons faire connaître les produits divers du pays.

Avant tout, et comme base principale de leur alimentation, les noirs cultivent le millet ou mil. On récolte, au CAYOR, du mil de quatre sortes : le premier, appelé *souna*, donne un grain petit et dur; il est mûr vers la fin de septembre; le deuxième, *sagno*, est tendre, légèrement sucré, et peut se manger sans préparation : on le recueille vers la fin d'octobre; le troisième, appelé *tigne*, donne un grain de couleur rougeâtre, plus gros que celui des espèces précédentes ; le quatrième, *fella,* est moins dur et plus blanc que le troisième. La récolte de ces deux dernières espèces a lieu également à la fin octobre.

Ils s'occupent peu du maïs.

A cette production principale viennent s'ajouter, comme plantes alimentaires, les *melons*, dont la graine, berraff, est utilisée ; les haricots (*niébés*), les *giraumons*, les *yombos,* etc., et, comme plantes industrielles, le *cotonnier*, l'*indigofère* et l'*arachide* ou *pistache de terre;* ils mangent cependant cette dernière graine, mais rôtie ou bouillie, pour la débarrasser de l'huile qu'elle contient en grande quantité.

Ils possèdent un nombre prodigieux de bœufs, vaches, moutons, chèvres et chevaux. Leurs chevaux sont petits, mais pleins de feu ; ceux d'une taille élevée, réservés aux chefs, leur viennent des *Maures*.

Un bœuf vaut une ou deux pièces de guinée (toile de coton bleue fabriquée dans l'Inde) ; le prix d'une pièce varie, selon la qualité, entre 12 et 14 francs ; un mouton, de 3 à 5 francs ; un cheval, deux pièces ; mais ils payent jusqu'à cent bœufs un cheval de race *arabe*.

Les poules y pullulent ; dans l'intérieur du pays, on en a une et quelquefois deux pour une tête de tabac, dont la valeur est de 25 centimes environ.

Ils font du beurre et du savon, et récoltent un peu de miel.

Passionnés pour le vin, l'eau-de-vie, la bière, les liqueurs et l'absinthe, ils sont, pour ce motif, considérés comme un peuple d'infidèles par les musulmans rigides.

Ces liquides, que nous leur fournissons d'assez mauvaise qualité, leur coûtent cependant assez cher pour que les pauvres ne puissent s'en procurer; ceux-ci, dès-lors, s'abreuvent de la boisson nationale, qui est une sorte de bière. Ils en font de deux espèces : la première, forte, mousseuse, enivrante, se nomme *pourr*. Pour la préparer on prend les graines du mil, *souna* ou *sagno;* on les soumet à une macération qui se prolonge jusqu'à ce que le germe se soit légèrement développé; on fait sécher au soleil. Quand l'eau s'est complétement évaporée, le grain, réduit en farine, est plongé dans une quantité convenable d'eau bouillante; le mélange, dans lequel on a introduit quelques *sidomms* et des fruits du *dgiandam*, renfermé dans un vase bien bouché, est abandonné à la fermentation. Trois ou quatre jours après, la bière est faite; on peut, sans qu'elle s'altère, la conserver plus de huit jours.

La seconde espèce, *seubeurr*, douce, moins mousseuse que la précédente, se fait avec du miel auquel on a mélangé un peu de farine de mil; le tout, plongé dans l'eau bouillante, est traité comme ci-dessus.

Ils font de la mélasse avec deux espèces de fruits. Le nom de la mélasse est *n'diaw*, qui veut dire quelque chose de bien cuit.

L'arbre appelé *beurr* produit un fruit gros comme une prune de mirabelle, qui renferme, entre l'enveloppe extérieure et le noyau, une liqueur très-douce. Après avoir retiré le noyau, on plonge le reste dans un vase; réduit par une cuisson prolongée, il forme une gelée assez compacte, qui noircit en se refroidissant; son goût est aigrelét.

Le fruit du *dgiandam*, traité comme celui du *beurr*, sert aussi à faire de la mélasse. L'écorce du même arbre, quand elle a été macérée, communique à l'eau une saveur sucrée; on se sert de cette eau pour pétrir des galettes.

Les noirs confectionnent leur savon de la manière suivante : on incinère la canne du mil, des feuilles de maïs et les enveloppes du fruit du *baobab;* les cendres provenant de cette combustion sont placées dans un vase plein d'eau. Le mélange, ayant été fortement agité, est abandonné à lui-même; après un certain temps, il se forme au fond un dépôt que l'on néglige. Dans l'eau, retirée ensuite avec précaution, on introduit une certaine quantité de graisse de bœuf; le tout est soumis ensuite à une ébullition qui est entretenue jusqu'à ce que toute la partie liquide se soit évaporée : le résidu est un savon qui sert aux usages domestiques.

PRÉPARATION DES PEAUX.

Ceux qui n'ont ni le temps ni les ingrédients nécessaires pour faire subir à la peau une préparation complète se contentent de la frotter avec du beurre fortement salé; mise ensuite dans la terre humide, elle y séjourne huit jours, après lesquels, le poil ayant disparu, elle sert à divers usages grossiers.

Mais si on veut que la peau soit d'une qualité supérieure, si surtout elle est destinée à recevoir une couleur, les préparatifs sont plus longs et plus compliqués.

L'ouvrier, dans ce cas, la fait tremper jusqu'à ce que le poil puisse en être facilement détaché; la peau est ensuite plongée dans une dissolution composée d'eau et de *nebneb*, fruit du *babela*, séché et réduit en poudre; elle y séjourne pendant quatre ou cinq jours. Lorsqu'elle a acquis une teinte lie de vin, elle est étendue à l'ombre. Après dessiccation, il faut la ramollir de nouveau ; pour cela on la laisse un jour dans un mélange d'eau, de son et de sel;

à ce moment elle se trouve convenablement disposée pour être soumise à la teinture.

Les gens du Cayor ne connaissent que trois couleurs, noir, rouge et jaune.

Pour composer la couleur noire on jette le *salavit*, résidu du fer forgé, dans une quantité d'eau déterminée (« celle qui a servi à laver les mains au « moment du repas est bien préférable à toute au- « tre »); on ajoute une petite quantité de farine de mil. La peau plongée dans cette dissolution se teint en noir; la couleur est inaltérable.

Quand l'ouvrier veut teindre en rouge, il réduit en poudre l'écorce de la canne du mil *tigne;* cette poudre, délayée dans une quantité suffisante d'eau ordinaire, à laquelle on a soin d'ajouter une certaine dose de l'eau alcaline qui sert à la fabrication du savon, donne la couleur rouge.

La racine d'un arbre appelé *fayar* sert à faire la teinture jaune : la racine la plus tendre est préférable. Le teinturier mâche cette racine, et la rejette ensuite, humectée et broyée, sur la partie qu'il veut colorer; il étend la matière après l'avoir arrosée de quelques gouttes d'eau alcaline.

Les étoffes de coton reçoivent aussi une teinture bleue ou jaune.

Le bleu se fait avec des feuilles d'indigofère : cette couleur est peu estimée.

Le jaune est au contraire la couleur des princes et des guerriers. Pour se procurer cette teinture, l'ouvrier doit prendre l'écorce de trois arbres, savoir : le *ratt*, le *kreule* et l'*auró*. On laisse ces écorces macérer pendant trois jours; on introduit dans le mélange un peu de la liqueur contenue dans le *nebneb* et une quantité convenable d'eau alcaline. L'étoffe plongée dans cette dissolution y séjourne un jour et une nuit; retirée, elle est légèrement lavée dans une eau fraîche, et séchée à l'ombre; puis elle est plongée de nouveau dans la composition. Lorsque cette opération a été renouvelée trois fois, l'étoffe a acquis une couleur d'un jaune éclatant; « mais celui qui, en premier lieu, met le tissu en « contact avec son corps, doit avoir la précaution « de s'enduire de beurre; sinon il contracte infail- « liblement une affreuse maladie de peau. »

CHAPITRE XVIII.

Du commerce du Cayor avec le Sénégal.

Les relations commerciales que la colonie du Sénégal entretient avec le Cayor méritent d'attirer notre attention; ceux qui ont les yeux fixés sur l'avenir y voient des germes de développement et des éléments de prospérité dont l'importance n'est certainement pas à dédaigner.

Les hommes du Cayor achètent à Saint-Louis des fusils, de la poudre, des balles, des sabres, du fer en barre, du tabac, des tissus imprimés, des liquides de toute espèce, du coton filé bleu et blanc, des verroteries, de la toile guinée, de l'ambre vrai et faux, du corail, etc.

Ils recherchent les objets d'un prix peu élevé, et se plaignent souvent de la mauvaise qualité de ceux que le commerce, pour se mettre en équilibre avec

6

leur offre, a été obligé de leur vendre. Nous ne saurions trop engager ceux, qui traitent d'affaires avec eux, à les habituer peu à peu aux marchandises de qualité relevée; ils amortiront ainsi leur défiance et consolideront nos relations.

Le Cayor fournit au Sénégal du mil, des bœufs, des moutons, des peaux, des volailles, du savon, des haricots, des fruits d'espèces diverses: *newe*, sorte de pomme; *krewar*, cerises; *sidomm*, *soump*; *bouï*, fruit du *baobab*; *dakrar*, fruit du tamarinier; l'*alôo*, feuille du *baobab*, condiment nécessaire du *couscouss*; du *vin de palmier*, des *patates*, des *melons* et leur graine (*beraff*), du *manioc*, des *ignames*, du *lait aigre*, du *beurre fondu*, du *coton en come*, employé à la confection des pagnes, après avoir été filé par les négresses de Saint-Louis; des *arachides* et du *sel*.

La plupart de ces produits, limités nécessairement par le chiffre de notre population, étant consommés sur place, nous devons nous borner à les énumérer; mais il ne sera pas sans intérêt de nous arrêter sur ceux qui, importants déjà, sont susceptibles d'un grand développement: nous voulons parler des bestiaux, des graines oléagineuses et du sel.

Les bœufs de belle race abondent au Cayor; leur nombre pourrait facilement être décuplé, si les particuliers y jouissaient d'une sécurité complète.

N'oublions pas qu'un bœuf, qui vaut ici deux pièces de guinée, se vend plus de 300 francs aux Antilles. Ces animaux, d'abord avantageusement employés à la culture, servent ensuite à l'alimentation des habitants; il n'est donc pas déraisonnable de penser qu'il serait possible d'organiser avec les colonies de l'Ouest un commerce régulier, qui nous procurerait en denrées coloniales, importées directement, un équivalent avantageux.

Les peuples du haut pays manquent absolument de sel; cependant ils ont un besoin absolu de cette substance; aussi n'est-il pas de sacrifice qu'ils ne soient toujours prêts à faire pour se la procurer. Nous leur en portons des quantités considérables, et le prix d'échange est, pour nos commerçants, largement rémunérateur. Le canton de Gandiol possède, sur les bords du fleuve, des salines naturelles inépuisables. Le commerce du sel pourrait recevoir, dans un avenir prochain, un accroissement indéfini, alors que les communications avec le haut pays auront été rendues plus faciles et plus sûres par un bon système de batelage.

Le *berraff* donne une huile de qualité excellente; cette graine, peu connue en Europe, où, il y a quelques années, elle était tarifée par la douane comme denrée médicinale, pourrait se présenter sur notre marché en quantités très-considérables.

Mais le produit qui a obtenu d'une manière spéciale l'attention méritée du commerce, c'est l'arachide ou pistache de terre.

L'arachide croît spontanément dans toute la Sénégambie.

Sa culture est des plus faciles; une fois confiée à la terre, elle demande peu de soin; elle a un rendement prodigieux, et sa partie herbacée donne un fourrage dont les bestiaux se montrent très-avides.

La pistache est évidemment destinée à détrôner la gomme, produit unique du Sénégal il y a dix ans.

La gomme n'étant plus bientôt, dans nos spéculations, qu'un accessoire dont nous sommes loin de méconnaître l'importance, les exigences des Maures qui la détiennent diminueront en raison de la froideur que nous montrerons pour une denrée qu'ils croient nous être absolument nécessaire.

Ils ont si bien pressenti cet avenir que le roi des Trarzas a mis et met encore tous ses moyens d'action en mouvement pour entraver la culture de la pistache; prétention maladroite, qui a irrité les peuples de la rive gauche.

Notre intérêt évident est, au contraire, de favoriser cette culture; par elle nous augmenterons le chiffre de nos affaires et notre action politique sur la rive gauche, et nous substituerons une légitime et salutaire prépondérance à celle que les Trarzas ont usurpée au moyen de leurs brigandages.

Nous trouverons les esprits disposés, au Cayor du moins, à adopter nos vues. En effet, les habitants de cette contrée, ne pouvant plus se passer des ressources en tout genre et du bien-être que leur a créés la culture de l'arachide, s'adonnent avec ardeur à un travail dont le produit certain entre, comme élément nécessaire, dans leur mode d'existence.

Déjà dès 1848 ils avaient compris tout le parti qu'ils pouvaient retirer de la pistache; aussi, lorsqu'en 1849 la marchandise vint à proximité du produit, par l'établissement d'une escale à *Gandiol*, il sortit de ce canton, en une seule campagne, et c'était la première, quatre mille tonneaux de graines.

Mais un établissement fixe hors de Saint-Louis excita les alarmes de certaines personnes qui trouvaient plus commode d'attendre sur la place des produits que d'autres plus industrieux allaient acheter sur les lieux. Dès lors on s'arrangea pour faire demander par le *damel*, en 1850, sept cents pièces de guinée à titre de tribut (*coutume*).

Pour n'avoir pas à subir de pareilles exigences, le gouverneur d'alors supprima l'escale de *Gandiol*, et cette suppression fit réussir l'intrigue en concentrant tous les échanges à Saint-Louis.

Cette malheureuse mesure arrêta pendant un temps l'essor de la production; elle aurait pu faire abandonner la culture de la denrée, à la grande satisfaction des Maures, si les besoins du CAYOR n'avaient réagi contre elle.

Les hommes du CAYOR ont donc continué à cultiver la pistache et l'ont transportée à Saint-Louis. Celle qu'ils apportent aujourd'hui se confondant dans le mouvement général des affaires, il est impossible de déterminer la quantité venue chaque année du CAYOR, mais nous pouvons hardiment affirmer qu'elle dépasse, et de beaucoup, celle de 1849.

Rien ne saurait donner une idée exacte de la patience et de l'énergie déployées par les gens du CAYOR pour tirer parti de leurs produits. C'est avec des peines rendues infinies par la longueur de la route, le danger des communications, les exactions des chefs, l'avidité et les avanies des *kiédos*, qu'ils parviennent, après avoir atteint notre établissement, à réaliser un mince bénéfice.

La presque totalité des arachides importées à Saint-Louis transite par Gandiol. Ce canton a pour centre principal trois grands villages situés en vue l'un de l'autre, non loin des bords du fleuve, à quatre lieues en aval de Saint-Louis; le commerce s'y fait de deux manières. Les hommes de l'intérieur, qui redoutent la navigation (ils éprouvent en général une répugnance très-vive à monter dans une embarcation, même pour traverser le fleuve), ceux qui ont hâte de rejoindre leurs familles, vendent aux gens de Gandiol même, ou à nos traitants, les produits qu'ils ont péniblement apportés. On comprend de suite que le bénéfice intermédiaire se fait aux dépens du producteur.

D'autres, moins timorés ou ayant plus de loisirs, poussent jusqu'à saint-Louis. Là, une rémunération meilleure les initie aux avantages qu'ils doivent retirer de leur contact immédiat avec nous.

L'idée de mettre les populations en relation directe avec Saint-Louis, le désir de soustraire notre commerce aux exigences des courtiers de Gandiol, faisaient, depuis un temps, chercher les moyens d'ouvrir une route entre le CAYOR, le WALO et le chef-lieu de nos établissements.

L'entreprise vient d'être heureusement menée à fin par la construction d'un pont, à l'extrémité orientale de l'île de SÔR. Placé en face du lieu appelé LEYBAR, il met la terre française en communication avec les deux pays ci-dessus désignés.

L'île de SÔR, depuis deux ans, s'est peuplée de cette partie de notre population qui ne dédaigne pas le travail de la terre. Les émigrés du haut pays, établis dans un village auquel on a donné le nom de M. l'amiral Bouët-Willaumez, notre ancien et bien cher gouverneur, vivent là du produit de leurs cultures. Bientôt les peuples de l'intérieur, empruntant la route nouvellement tracée, afflueront dans notre établissement; Sôr recevra infailliblement les succursales des maisons de commerce de Saint-Louis, et M. Guillet, s'il revenait parmi nous, pourrait voir construite, sur des plages naguère désertes, la ville française dont sa haute intelligence avait marqué la place.

Le Cayor renferme une population considérable, habitant de grands villages rapprochés les uns des autres : race d'hommes de haute taille, vigoureux et de belle prestance; les femmes se distinguent par la perfection de leurs formes; elles ne manquent pas de beauté.

Les terres y sont d'une fertilité médiocre; ce n'est que par un travail opiniâtre qu'ils parviennent à les rendre fécondes. Ainsi que nous l'avons dit, elles nourrissent de nombreux troupeaux.

Les habitants appartiennent presque tous à la race wolowe. Sensibles au bien-être, ils aiment les produits de notre industrie, et cherchent, en se rapprochant de nous, à se développer à tous les points de vue. Les hommes montrent de la réflexion et du bon sens; dans les circonstances graves, ils n'agissent qu'après délibération ; ils ont l'instinct du principe d'autorité et un respect profond pour ceux qui le représentent.

La France pourrait, par des voies pacifiques, y développer son influence. Il n'est pas douteux qu'en agissant de proche en proche on ne parvînt, en peu de temps, à y augmenter, par une meilleure police, la sécurité des habitants : ceux-ci reconnaîtraient nos efforts par l'abondance de leurs produits. Les gens de Gandiol, unis par les liens de la parenté aux hommes de GUET N'DAR, ont offert plusieurs fois de se ranger sous la souveraineté de la France ; ils nous donnent en ce moment des preuves de dévouement, car ils ont déclaré aux Maures *Trarzas*, avec lesquels nous sommes en guerre, qu'ils se feraient tuer jusqu'au dernier avant de souffrir qu'il fût apporté, chez eux, un dommage quelconque aux personnes et aux propriétés sénégalaises.

Le roi des *Trarzas*, ce constant et infatigable ennemi des Français, cherche, depuis longtemps, à exercer une influence prépondérante dans le CAYOR ; notre inexplicable et bien malheureuse indifférence, dans ces dernières années, lui a facilité les moyens d'action ; mais il se manifeste, au sein de ce peuple, une réaction énergique contre les envahissements des Maures. Il comprend que, maître du WA-

LO, *Mohamed-el-Abid* doit avoir le désir d'absorber leur pays : leur fierté se révolte à la pensée de devenir tributaires des Maures, et le jeune *damel* suit l'impulsion de son peuple. Hommes de culture et de travail régulier, les gens du CAYOR méprisent profondément ces vagabonds maures qui ne vivent que de rapines; aussi les progrès que l'influence du roi des Trarzas avaient faits du temps de l'ancien *damel*, ont-ils, dès l'année dernière, commencé à décroître. Nous croyons qu'à la suite de la présente guerre, lorsqu'en les chassant du WALO nous aurons fermé aux Maures la route qui les conduit au pillage, les hommes du CAYOR, princes et peuple, se jetteront dans nos bras, et que ce pays donnera à notre commerce un aliment d'une valeur très-remarquable.

Le CAYOR exerce une influence prépondérante sur le BAOL, et considérable sur le SINN, le SALOUM et le DGIOLOFF.

Le BAOL, auquel il confine, est peuplé d'une race d'hommes qui se rattache, par une origine commune, à celle du CAYOR. Il n'est pas rare de voir le *damel* devenir souverain du BAOL; il prend alors le titre de *damel teigne*. Mais les populations voient toujours avec inquiétude une pareille combinaison. Le BAOL, en effet, lorsqu'il est indépendant, sert d'asile aux mécontents du Cayor; comme il leur est naturellement fermé quand le *damel* est souverain des deux pays, ils réagissent contre la concentration entre les mains de leur roi de cette double souveraineté.

CHAPITRE XIX.

Du Walo.

En traitant du Cayor, pays où les coutumes de la race wolowe se sont le mieux maintenues, nous sommes entrés dans des détails que nous ne devons plus reproduire; nous nous attacherons, en avançant, à indiquer les dissemblances qui se remarquent entre le peuple du Cayor et les hommes de la même race habitant d'autres parties de la Sénégambie.

Nous allons, en suivant cet ordre d'idées, nous occuper du Walo.

Lorsqu'on interroge les vieux habitants de nos contrées sur l'ancienne importance politique du Walo, on est pris d'un douloureux étonnement en comparant leurs récits à l'état de choses actuel.

Naguère le Walo était riche, industrieux, très-peuplé. Maître d'un grand territoire sur la rive gauche, il possédait aussi une partie de la rive droite. Les Trarzas alors reconnaissaient sa supériorité. Le pays, cultivé avec soin, donnait des produits variés et abondants; la population, fière de sa prospérité, exerçait une influence prépondérante sur les pays voisins.

Jetons aujourd'hui les yeux sur cette malheureuse contrée; nous y verrons un désert peuplé de rares habitants, dominés par cette apathie du désespoir qu'engendrent la terreur et l'incertitude du lendemain. Les hautes herbes envahissent les champs jadis fertiles. Un pays qui pourrait nourrir un million d'hommes, réduit à vingt mille habitants! malheureuse race, le jouet des Maures Trarzas et des chefs qu'ils lui ont imposés! Comme c'est surtout par suite de la guerre de 1834 et de notre abandon en 1835 que le joug le plus intolérable s'est appesanti sur elle, on ne peut s'empêcher de gémir et de ses maux et de l'indifférence qui nous a fait, jusqu'à ce jour, négliger nos plus évidents intérêts politiques et commerciaux.

Le régime de la famille est soumis, dans le Walo, aux règles que nous avons exposées en traitant du Cayor; seulement, conséquence nécessaire de l'anarchie, dont la triste influence s'étend à tout, les liens domestiques s'y sont relâchés : la femme y a moins de respect pour son mari, et les jeunes filles ne se font pas scrupule de se livrer à un libertinage très-prononcé.

Les cérémonies pour le mariage, les causes du divorce, les pratiques du deuil sont les mêmes qu'au Cayor.

Le droit d'aubaine y existe, mais les successions sont soumises à des principes spéciaux.

Dans le Cayor, nous l'avons dit, l'héritage va dans la ligne descendante; la collatérale est exclue. Au Walo, au contraire, c'est la ligne collatérale, restreinte encore au côté seul des femmes, qui prime toute la descendance directe. — L'application d'un pareil principe suffit à elle seule pour détruire la famille et anéantir la société.

Ainsi, au Walo, l'enfant de la sœur succède à son oncle ou à sa tante, à l'exclusion des propres enfants de ceux-ci; ils prétendent que c'est, à cause de l'incertitude qui plane toujours sur le père, le moyen unique de conserver le bien dans la parenté du sang.

Les parents directs, les collatéraux par les hommes, ne viennent qu'en cas de non-existence des enfants de la sœur.

Cette règle singulière domine l'ordre de successibilité au trône.

A la mort du père de famille, le fils doit sortir de la maison; il ne peut emporter que son sac de *grigris*, ses armes et ses instruments de travail. L'aîné des enfants de la sœur, quel que soit son sexe, s'empare de l'héritage et rompt ainsi l'unité de la famille.

La religion musulmane est observée au WALO pour la forme; car ce peuple est adonné, de la manière la plus déplorable, au vice de l'ivrognerie.

Le régime féodal est la base, ici comme au CAYOR, de l'organisation sociale. Les chefs se transmettent les terres et le pouvoir politique par hérédité, avec privilége pour l'aîné de la ligne féminine, ainsi que nous l'avons dit plus haut.

Il est rare de rencontrer au WALO un homme ayant plusieurs femmes. Cette retenue ne vient pas, tant s'en faut, de la rigidité des mœurs; la misère et les terribles avanies des Maures en sont la cause unique.

Le WALO compte des nobles, des hommes libres et des esclaves. Le nom des nobles est *kangamm;* chefs du pays, ils administraient, avant son abaissement devant les Trarzas, ses divers cantons.

Parmi ces *kangamm*, quelques-uns, élevés en dignité, tenant par des liens étroits de parenté à la famille royale, portent le titre de *diourourbel*. Seuls ils peuvent obtenir la dignité de *brak* (roi); c'est parmi eux que sont choisis le *brio*, héritier présomptif, et le *cadgy*, général en chef.

Le titre de *diourourbel* leur vient du nom de l'ancienne capitale du Walo, aujourd'hui détruite; elle était située sur la rive droite. Quoique le pays où elle existait soit devenu la propriété des Maures Trarzas, c'est encore dans la plaine voisine de Diourourbel que le *brak* doit être couronné.

Par métaphore, *diourourbel* désigne la couronne, la dignité royale; ainsi *dgiam diourourbel* signifie captif de la couronne.

Les hommes libres appelés *sébébaors*, aujourd'hui réduits à un petit nombre, formaient jadis la masse du peuple : classe puissante autrefois, soigneusement ménagée et caressée par les *kangamm diourourbel*, car elle avait le privilége de nommer le souverain du pays.

La famille royale du Walo est divisée en deux branches :

La branche *Gdioss*, aujourd'hui dépossédée, tombée dans une profonde misère;

La branche *Tedgiégue*, maîtresse de l'autorité, sous le bon plaisir du roi des *Trarzas*.

Dans ces derniers temps, cette branche n'a été représentée que par des femmes: *Guimbotte* et *Déthé Jalla*.

On croit généralement, même à Saint-Louis, que *Guimbotte* a été reine du Walo et que *Déthé Jalla* lui a succédé; c'est une erreur qu'il importe de redresser.

Les femmes ne peuvent jamais avoir la dignité de *brak*.

La vérité est que, représentant au degré le plus proche la branche régnante, en possession des captifs et des propriétés de la famille royale, *Guimbotte* et *Déthé Jalla* se sont emparées de la souveraineté de fait; mais, pour sauvegarder les formes traditionnelles, elles n'ont jamais manqué de faire nommer un *brak*, fantôme de roi, soumis à leur influence absolue, instrument aveugle de leurs volontés, qu'elles ont toujours fait agir sous l'impulsion de *Mohamed-el-Abid*, roi des *Trarzas*, au gré de leurs caprices, de leurs passions ou de leurs terreurs.

Ainsi, du temps de *Guimbotte*, dont le mariage avec le roi des *Trarzas* a complété la ruine du WALO, le brak était *Farapenda*, oncle de la princesse.

A la mort de celui-ci, *Guimbotte*, voulant tenir à l'écart la race *Gdioss*, fit nommer brak *Samba Aly*, membre très-éloigné de sa propre branche.

Cet homme, retiré depuis longtemps dans le CAYOR, y vivait de son travail, lorsque la dignité royale vint l'enlever à son champ; il est aujourd'hui *brak*, sous les conditions que nous avons exposées ci-dessus.

Le WALO se plaça, le 8 mai 1819, sous la suzeraineté et la protection de la France; les Trarzas, par les articles 3 et 6 du traité du 7 juin 1821, confirmé par la convention du 30 août 1835, reconnurent notre droit. Ce dernier acte enleva à *Ély*, fils que *Mohamed-el-Abid* a eu de *Guimbotte*, tout droit à la souveraineté du WALO.

Si nous avions veillé à l'exécution de ces diverses conventions, si, comme c'était notre droit et notre devoir, nous avions empêché les Maures de devenir, en violant leurs promesses, les dévastateurs du WALO, ce malheureux pays ne serait pas tombé dans l'état d'abaissement et de dégradation où nous le voyons aujourd'hui.

Nous devons nous reprocher amèrement cette indifférence, car nous en ressentons nous-mêmes les tristes effets. Le roi des *Trarzas*, politique intelligent, a suivi avec une rare persévérance le système qu'il s'était tracé. Maître du WALO, il a cherché à nous enlacer d'un réseau de peuples hostiles. S'il avait réussi à établir sa prépondérance dans le CAYOR, comme il y tendait de tous ses efforts, nous aurions été, au moins pour notre commerce, à sa plus entière discrétion.

La cause de cette situation si fâcheuse pour nous réside principalement dans la mobilité de notre autorité locale.

Quand on songe que, depuis 1840, la colonie a

été administrée par *dix-neuf gouverneurs*, titulaires ou intérimaires, on s'explique l'absence de tout système, de tout esprit de suite, et les conséquences déplorables qui en sont résultées.

Sans doute il a passé parmi nous, dans cette période, des hommes capables : tous étaient animés des meilleures intentions ; mais la connaissance des affaires et des mœurs locales ne saurait s'improviser. Après des débuts nécessairement pleins d'hésitation, lorsque les gouverneurs commençaient à s'initier aux hommes et aux choses du pays, leur remplacement ou un *interim* plongeait tout dans l'incertitude; aussi, de tâtonnements en hésitations, en sommes-nous venus à perdre l'influence que notre position, notre nom, nos ressources, devaient maintenir entre nos mains.

Nous avons dit que le traité du 9 août 1835 stipulait qu'*Ély* et sa descendance seraient perpétuellement exclus de la souveraineté du Walo. Cette convention, solennellement jurée, n'a pas empêché le roi des *Trarzas* de forcer, tout en se disant notre ami, surtout dans ces derniers temps, *Monboye Fanta*, *brio*, à se retirer, et à céder sa place à *Ély*.

Celui-ci, investi du titre de *brio*, se croit donc héritier présomptif du *brak*. Usant de l'influence de sa tante *Déthé Jalla* et de celle de son père, il exerce déjà les pouvoirs souverains, et habitue, au mépris des traités, les malheureux habitants de ces contrées désolées à le considérer comme leur futur roi et à le traiter en conséquence.

La justice s'administre au WALO d'après les mêmes règles que dans le Cayor; mais il est vrai de dire que l'anarchie et la tyrannie des Maures ont détruit toutes les garanties.

Autrefois, quand le WALO, régi par la coutume nationale, formait un État indépendant, les villages avaient à leur tête des *sébébaors;* mais aujourd'hui les Maures ont fait déposséder ces chefs, qu'ils ont remplacés par des captifs de la couronne, entièrement à leur discrétion.

Les grands chefs des *sébébaors*, au nombre de trois, portent le titre, le premier, de *diawdine*, le deuxième, de *diogomaye*, et le troisième, de *mâlo*.

Ces hommes et leurs subordonnés, quoique pliés sous le joug des Maures, aiment leur indépendance. Ils nous servirent d'utiles auxiliaires pendant la guerre de 1833 et 1834; mais, abandonnés en 1835, ils furent écrasés en détail; et s'ils hésitent aujourd'hui à se joindre à nous, à contribuer à la régénération de leur pays, c'est qu'ils craignent, à tort sans nul doute, d'être exposés, à la suite d'un nouvel abandon, à toute la vengeance des Maures. Cependant, lorsqu'il y a quelques mois le gouverneur parcourut le WALO, et que *Déthé Jalla*, s'étant déclarée pour les *Trarzas*, fut forcée, avec ses partisans et ceux des Maures, à se réfugier dans le CAYOR, les *sébébaors* ont refusé de la suivre.

CHAPITRE XX.

Productions du Walo.

Les hommes du WALO, lorsque la paix leur aura procuré quelque sécurité, sauront profiter de la merveilleuse fertilité de leur sol.

Le fleuve qui borde tout leur territoire à l'ouest, le lac PAGNIÉFOUL, cette belle nappe d'eau bordée d'arbres séculaires et de pâturages luxuriants, permettent aux habitants de se livrer à l'industrie de la pêche; elle fournit à leurs besoins, et alimente un assez grand commerce d'exportation.

Après l'avoir fait sécher au soleil, ils vendent le poisson aux gens de SAINT-LOUIS, du CAYOR et du DGIOLOFF.

Le mil donne, dans le WALO, deux récoltes par an : le petit, *souna*, semé vers le mois de juillet, au commencement des pluies, est recueilli à la fin septembre.

Le gros mil, *dgiarnat*, est confié à la terre vers le mois de janvier, alors que le fleuve, rentré dans son lit, a laissé à découvert les surfaces qu'il avait inondées ; il est mûr et récolté en avril ou mai.

Le premier lance, au bout de la canne, une tige droite à laquelle les grains sont adhérents ; l'extrémité de l'autre s'épanouit en un panache dont les filaments contiennent le grain.

On y récolte aussi des haricots, des *jombos*, des melons, des giraumons et des patates douces.

Le riz, petit, mais de bonne qualité, y vient naturellement. Les habitants recherchent avec soin les graines du nénuphar, qui abonde dans leurs marigots ; cette plante porte à sa racine une espèce d'artichaut renfermant un grain appelé *diakarr*, dont la farine sert à préparer un *couscouss* très-délicat.

Une herbe dont l'abondance est extrême et la venue spontanée donne une semence appelée *bakatt*, propre à l'alimentation.

Enfin ils ont, sur les bords du lac Pagniéfoul, le *bérarh*, plante qui vient sans culture, dont la racine, ordinairement grosse comme une énorme betterave, et souvent plus, les préserve de la famine dans les années de disette. Coupée en petites parties, séchée et pilée, elle donne une farine blanche, d'un goût excellent, légèrement sucrée, dont on fait du *couscouss* et des galettes.

Les gallinacés y abondent. De magnifiques pâturages nourrissent les bestiaux des *Trarzas*, surtout pendant la saison sèche, époque où, par suite de la stérilité du désert, ils sont obligés de rallier les rives du fleuve.

Cette abondance de pâturages n'est pas toutefois la seule cause qui ait excité les Maures à s'emparer du WALO.

Si les Maures s'étaient cantonnés sur la rive droite (et nous parviendrons à les y maintenir, c'est notre ferme espoir); si le WALO, maître de ses destinées, nous aidait à leur interdire l'accès de la rive gauche, les *Trarzas*, privés de la ressource du pillage, ne tarderaient pas à se transformer en cultivateurs, ou à déchoir. Dans le premier cas, leurs mœurs s'adoucissant, ils deviendraient sensibles au bien-être d'un établissement fixe; dans le second, ils disparaîtraient bientôt, décimés par nos armes et par la famine. Dès lors la race noire, qui aime le sol et y adhère fortement, se livrerait à des travaux fructueux pour elle et pour nous; dans toute la Sénégambie régneraient, sous notre suzeraineté, la paix, le commerce et le travail; mais les Maures, qui veulent continuer à vivre de rapines, ont besoin du WALO et nous le disputeront. C'est en effet leur route pour envahir les pays voisins, et leur refuge après le pillage. Notre intérêt à les en chasser est si évident que nous ne devrons pas y ménager nos efforts : le triomphe d'ailleurs est certain, si on met un peu de persévérance et d'énergie, et M. FAIDHERBE ne manque d'aucune de ces qualités.

CHAPITRE XXI.

Élection et couronnement du brak.

Lorsqu'il y a lieu de procéder à l'élection d'un *brak*, le *diawdine*, le *diogomaye* et le *mâlo* convoquent les *sébébaors*. Ceux-ci, en principe, doivent délibérer sur le choix à faire; mais, comme le prétendant a eu soin de s'entendre d'avance avec les trois grands chefs, son élection est certaine. C'est le *bouquénégue diourourbel*, ou chef des captifs de la couronne, qui sert ordinairement d'intermédiaire entre le prétendant et les électeurs.

Les promesses réalisées, les trois chefs proclament l'élu, et le peuple, plein de respect pour ses représentants, ratifie toujours leur choix de ses acclamations.

Une fois nommé, le *brak* doit offrir à ses électeurs, comme cadeau avoué, *dix de tout*.

Au jour fixé pour le couronnement, le nouveau brak, suivi du peuple, se rend à DGIANGUÉ, sur la rive gauche : de ce point on aperçoit le *Ronier*, qui marque, sur l'autre rive, la place où fut DIOUROURBEL, ancienne capitale du WALO.

Le chef d'un village placé sur le bord du fleuve prend le titre de *montel :* ce mot signifie maître du passage ou maître passeur. Le chef de BAGAME, village voisin de DGIANGUÉ, a seul le droit de conduire le *brak* sur la rive droite. Dans cette circonstance solennelle il dirige lui-même sa pirogue.

Tout le monde ayant traversé le fleuve, on se dirige vers la plaine de DIOUROURBEL, où s'élèvent les tertres des *braks*. Le nouveau roi prend place au sommet de celui qui a été construit pour la cérémonie. C'est alors que le *diawdine* s'avance, tenant dans une main un épi des mils *souna* et *dgiarnat*, et de l'autre une calebasse qui renferme des semences de tous les végétaux du pays. Il met à la bouche du brak l'épi de *souna*, dans sa main droite celui de *dgiarnat*, et dans la main gauche la calebasse. Après cette cérémonie symbolique, le roi est placé sur une sorte de litière; il va, suivi de tout le peuple, au marigot de KAMM; les quatre captifs qui l'ont porté, le *montel* de BAGAME et les hommes de sa pirogue, entrent dans le lit du marigot et y plongent le *brak*. Il est maintenu dans l'eau jusqu'à ce qu'il ait saisi un poisson. Cette sorte de supplice pourrait, on le voit, durer trop longtemps si un ami complaisant n'avait soin de lui glisser dans la main l'objet qui doit terminer la scène. Le but de cette cérémonie est, sans nul doute, de rappeler fortement au brak toute la protection qui est due à l'industrie des pêcheurs. La prise est annoncée au peuple; il fait de grandes acclamations lorsque le poisson est à écailles, car c'est un heureux présage.

Le *brak* transporté de nouveau sur le tertre, le *diawdine* couvre le roi de linges secs, et le couronne au moyen d'un bonnet orné de nombreux *grigris*. Ce bonnet sert de génération en génération, et on le conserve avec un respect religieux.

La première partie du programme est remplie. Le fleuve est traversé de nouveau; le cortége retourne à DGIANGUÉ, où une case isolée a été construite pour le *brak*. Ici commence une scène singulière, qui ne se produit que dans le WALO. On a réuni toutes les femmes; le *brak* les passe en revue et en désigne une. Celle sur laquelle tombe son choix doit passer huit jours enfermée avec lui. Personne ne peut, en cette circonstance, mettre obstacle au désir du roi: tous les droits s'abaissent devant sa volonté. Les huit jours écoulés, le *brak* prend possession du pouvoir. La femme qui a partagé sa retraite se retire chez ses parents; elle n'est pas devenue l'épouse du roi, et la coutume lui défend de se marier pendant la vie du souverain qui l'a honorée d'un caprice.

Un chef s'est maintenu seul, au WALO, dans une sorte d'indépendance vis-à-vis des Maures: c'est *Béthio*, qui signa avec le *brak Amarboye* le traité de 1819. Il a été marié à *Déthé Jalla*, dont il a eu un fils qui se nomme *Sidiyeu*. Cet enfant, si *Ély* était écarté, comme il doit l'être, pourrait, par les conditions de sa naissance, devenir un jour *brak*.

Béthio est bien disposé pour le Sénégal; il se souvient avec reconnaissance des bons traitements qui lui furent prodigués à RICHARD TOLL, lorsque, en l'année 1830, les Maures prirent et saccagèrent DIMBE, lieu de sa résidence. Il habite aujourd'hui Ross, à mi-chemin de LAMPSAR, fort français à N'DER, capitale du WALO. Il se déclarerait sans doute pour nous s'il ne redoutait les Maures et leurs avanies, dans le cas, ce qu'à Dieu ne plaise, où nous viendrions à abandonner des projets dont la réalisation est une question vitale pour l'avenir de notre colonie.

CHAPITRE XXII.

Du Dgioloff.

A l'orient du CAYOR, du WALO et du FOUTA, se trouve un grand pays, appelé DGIOLOFF.

Dgioloff est le nom générique de la race qui occupe la basse Sénégambie. Ce mot est, au Sénégal, synonyme de noir.

Le SINN, le SALOUM, le BAOL, le CAYOR, le WALO, formaient jadis avec le DGIOLOFF un seul et vaste empire, dont le souverain portait le titre de *Bourba Dgioloff*, empereur des noirs.

Les chefs des différentes provinces, quoique se transmettant l'autorité à titre héréditaire, reconnaissaient pour suzerain le *Bourba Dgioloff*.

Peu à peu, entraînés par une tendance naturelle, ils cherchèrent à devenir complétement indépendants. Le CAYOR se sépara le premier.

Ces démembrements ne se firent pas sans guerres civiles. Le désordre, compagnon habituel de ce fléau, influa sensiblement sur le chiffre de la population et la prospérité du pays ; l'émigration des vaincus, dans ces cinquante dernières années, l'avait encore réduite, lorsque les Trarzas, poussant leurs dévastations jusque dans l'intérieur du pays, ont achevé de réduire à une profonde misère les habitants déjà épuisés par les discordes intestines.

L'origine des guerres civiles dont nous venons de parler ne remonte pas au delà de cent cinquante ans. Nous pouvons le démontrer, autant que le comporte une certitude basée sur des récits oraux.

Le village auprès duquel nous avons construit, en 1820, notre fort de BAKEL, est peuplé en partie par les *Dgiaïbés*, membres émigrés de la famille royale du *Dgioloff*. Après leur sortie de leur pays, ces *Dgiaïbés* errèrent dans diverses contrées, cherchant un asile, qu'ils trouvèrent enfin dans le pays de GALAM. Le terrain sur lequel ils étaient établis leur fut cédé par les *Bakiris*, princes de ce pays.

Silmann Founti, chef de ces *Dgiaïbés*, mort, il y a cinq ans, âgé de plus de cent ans, a raconté plusieurs fois à M. Paul Holl, lorsque celui-ci commandait le fort de BAKEL, que sa famille, chassée du DGIOLOFF par les discordes civiles, vint s'établir à BAKEL du vivant de son bisaïeul. Il ajoutait que ses ancêtres avaient vécu longtemps. Or, en donnant à chacune des générations qui ont précédé *Silmann Founti* une existence de cinquante ans, on remonte à la date que nous avons énoncée.

Quoique les liens qui rattachaient au DGIOLOFF ses anciennes provinces se soient tellement relâchés qu'on puisse les considérer comme rompus, le titre de suzerain donne au *bourba*, vis-à-vis de ses anciens feudataires, une supériorité morale qui agit encore fortement sur les esprits. Il n'y a pas cinquante ans, les princes des provinces détachées recouraient au *bourba* dans les affaires politiques importantes. Il est encore admis aujourd'hui sans contestation que, si les rois de SINN, de SALOUM, du BAOL, du CAYOR et du WALO, se trouvaient en présence du *bourba*, celui-ci aurait seul le droit de s'asseoir sur un siége élevé.

On le voit, les pratiques féodales revêtent le même caractère à toutes les époques et sous toutes les latitudes.

Il ne sera pas sans intérêt de donner ici la légende accréditée au Sénégal sur l'origine de la famille royale du DGIOLOFF. M. Boilat en a parlé dans ses esquisses, mais il a omis certains détails qui nous semblent offrir un aperçu de mœurs assez curieux.

Cette famille, objet encore de nos jours de la profonde vénération des noirs, tire, d'après eux, son origine de *Dgiaïan*, être fabuleux, divinité qui parut sur la terre dans les circonstances que nous allons raconter.

A deux lieues au levant de Saint-Louis, on rencontre le marigot (bras du fleuve) de MEÏNEGUENE ; il abonde en poissons.

Les pêcheurs des environs s'y donnaient rendez-vous ; mais, dans ces temps reculés, les hommes n'avaient aucune notion bien précise du juste et de l'injuste, et le produit de la pêche commune passait presque en entier dans les mains des plus forts. De là des querelles qui ne se terminaient jamais sans effusion de sang.

Un jour, la dispute commençait comme à l'ordinaire, lorsque les pêcheurs virent, avec étonnement, un homme encore jeune, d'une figure majestueuse, s'élever du sein des eaux. Il se dirigea, dans un profond silence, vers le lieu où était déposé le fruit de la pêche, et, après avoir compté les assistants des yeux, il divisa le produit de leur travail en lots d'une égalité parfaite ; après quoi il disparut dans le marigot.

Les pêcheurs, satisfaits du partage, retournèrent au village. Quand leurs femmes les virent revenus sans contusions ni blessures, elles dirent : « Eh ! quoi ? il n'y a donc pas aujourd'hui quelques têtes cassées ? » Mais lorsqu'elles connurent l'apparition de l'être surnaturel, elles exprimèrent le vœu qu'il fallait saisir ce dieu. « S'il daignait habiter parmi nous, « disaient-elles, la paix régnerait dans le pays, et, au « lieu de ces querelles incessantes, nous jouirions, « comme aujourd'hui, d'un accord parfait. »

En effet, à quelque temps de là, le génie fut attiré hors des eaux, emmené au village et enfermé dans une case.

Pendant deux jours, refusant toute nourriture, il garda un silence obstiné; mais ses ravisseurs, s'apercevant qu'il prenait du chagrin, réunirent dans la case, pour le distraire, leurs filles et leurs femmes; les unes se livrèrent en sa présence à divers jeux, d'autres fumaient dans la pipe nationale le *tamaka* (tabac indigène) (1).

Le génie, fixant les yeux sur une d'elles, lui fit signe de lui passer sa pipe. Elle, avec de douces paroles, le supplia de vouloir bien faire entendre sa voix; mais il refusa. Cependant elle se rendit à ses désirs.

Pendant que le génie fumait, une femme vint préparer le *couscouss*.

Devant la case, avant l'importation, par les Européens, des marmites en fonte, les noirs faisaient

(1) Dans la basse Sénégambie, le tabac qui croît spontanément se nomme *tamaka;* dans le pays de Galam, *tonkoro* et *dgienné ;* le tabac importé par les Européens, *prise.*

cuire leurs aliments dans des vases en terre, de forme arrondie à la base. On rencontre encore ces vases, qui portent le nom de *canaris*. Il fallait, pour pouvoir introduire le combustible sous le vase, élever le canari sur des boules en terre (*boss*). On avait l'habitude de le placer sur deux seulement, et ce support imparfait exposait le vase à des chutes fréquentes; elles se multiplièrent tellement, pour la femme dont nous parlons, que le génie, touché de sa peine, lui dit : *Boss gnet* (boules, trois).

Ayant consenti, à partir de ce moment, à donner son avis dans diverses circonstances, il acquit promptement une telle réputation de sagesse que les peuples voisins le choisirent pour souverain. Il régna longtemps et laissa une nombreuse postérité. Sa mémoire est restée en une telle vénération chez ses descendants et parmi le peuple que tout nouveau *bourba* était tenu, avant son couronnement, de venir, en personne, faire des ablutions au marigot de MEÏNEGUENE et y invoquer le génie de sa famille. Mais, depuis que MEÏNEGUENE appartient au WALO, le *bourba* se dispense de venir lui-même; il envoie une caravane puiser à la source sacrée l'eau qui doit servir à le purifier.

Au moment de sa mort, *Dgiaïam* fit appeler la plus jeune de ses femmes, celle qu'il avait le plus aimée, et lui dit : « Si vous prenez un autre mari,

« n'épousez qu'un homme réfléchi, ayant le men-
« songe en horreur et faisant de nombreuses ablu-
« tions. »

Puis il quitta la terre.

Sa veuve chercha longtemps un homme possédant les qualités voulues; ne les ayant rencontrées que dans un de ses captifs, nommé *Brakar*, elle l'épousa : ce *Brakar* devint prince du WALO, et la souche, dit la légende, de la famille des *Brak*.

Les réflexions viennent en foule à propos de cette fable; elle prouve une fois de plus que les qualités intellectuelles et morales déterminent le respect et l'obéissance des peuples, et que l'esclavage, cette plaie de l'Afrique, y soulève et y a toujours excité, même parmi les populations les plus abaissées, les protestations de la conscience humaine.

CHAPITRE XXIII.

Productions du Dgioloff.

Le Dgioloff contient de beaux pâturages et des bœufs de grande taille. Les éléphants y vivent en troupes nombreuses. Il produit du morphil, de la cire et des arachides. De magnifiques forêts de gommiers, plus grandes et plus abondantes que celles de la rive droite, donneraient un aliment nouveau à notre commerce si elles étaient exploitées. On y rencontre aussi la gomme copal.

Le fort et le comptoir de Mérinaghène, à l'extrémité orientale du lac Pagniéfoul, avaient été construits dans le but de mettre nos marchandises à proximité des produits du Dgioloff : c'était une idée heureuse, qui devait influer très-sensiblement sur nos transactions; mais le roi des *Trarzas*, comprenant à merveille que la gomme se payerait d'autant plus cher qu'elle serait moins abondante, et qu'il en aurait le monopole, a établi un camp dans le petit désert du Bounounn, qui sépare Mérinaghène du territoire de Dgioloff. De là les Maures interceptent le passage, en pillant les caravanes. Aussi les malheureux habitants du Dgioloff, impuissants à chasser ces bandits, dirigent-ils leurs produits vers la Gambie. Comme la route est longue à travers le petit Bambouk, par lequel leur pays est borné à l'est, ils se livrent sans ardeur à l'exploitation de leurs riches produits. Il n'en sera pas de même quand nous aurons rendu libre le désert du Bounounn; car, de la frontière du Dgioloff pour atteindre Mérinaghène, la route est courte et facile. En effet, de ce point à M'bayen, premier village du Dgioloff, il y a à peine une journée de marche; et les membres de la commission d'exploration, présidée par feu M. Caille, n'ont pas mis plus de temps pour franchir la distance dont nous parlons, lorsqu'ils visitèrent le Dgioloff en l'année 1839.

Ces lignes étaient écrites dans les premiers mois de la présente année : notre expérience des choses sénégambiennes nous donnait alors la conviction qu'avec un peu d'énergie, les Maures étant expulsés du Walo, ce pays et le Dgioloff respireraient et béniraient nos efforts. Nos prévisions se réalisent ; grâce à la vigueur déployée par le gouverneur, les

Maures, fuyant nos armes, ont momentanément disparu du Walo; bientôt ils en seront à tout jamais exclus. Or le Dgioloff, étonné de ne plus voir ces bandits rôder dans ses villages pour y voler les femmes et les enfants, y dérober les bestiaux et les denrées, a cherché autour de lui la cause de ce soulagement. Quand ses habitants ont su que ce résultat inespéré était dû à la force de nos armes, ils se sont tournés vers nous et nous ont proclamés leurs sauveurs; une députation envoyée par le *bourba* est venue, disant au gouverneur : « Le « malheur des temps, l'abaissement où la discorde « a jeté mon pays, m'avaient forcé de consentir, au « profit du roi des *Trarzas*, un tribut annuel de « deux cents bœufs. Malgré mon exactitude à « payer la redevance, le Dgioloff était infesté par « les Maures. Cependant, depuis huit mois, tous « ont disparu. C'est à vos puissants efforts que je « dois cette délivrance. Je vous offre, en échange de « votre protection, de me ranger sous votre autorité, « et de vous payer le tribut que je comptais à *Mo-* « *hamed-el-Abid.* »

Proposition de la plus haute importance, et qui pourrait, d'un seul coup, nous donner une suprématie incontestée sur la basse Sénégambie.

D'un autre côté, les hommes du Cayor habitant le Dgiambour, province très-peuplée et très-bien cultivée, fatigués des pillages incessants que commettent partout les *kiédos* et les ministres du *damel*, ont député vers celui-ci pour lui déclarer que, si ces avanies ne cessaient pas, ils se mettraient sous la protection du gouvernement français.

On le voit, nos vœux, et il y a longtemps que nous les produisions sous diverses formes, commencent à se réaliser; et nos faibles efforts auront contribué, dans une mesure quelconque, à affranchir ces malheureuses races des exactions des Maures et de celles de leurs propres chefs.

CHAPITRE XXIV.

Du Fouta.

DAGANA, grand village où flotte le pavillon français, est sur la limite du WALO et du FOUTA.

De ce point, le FOUTA s'étend jusqu'au GALAM, pays dont il est séparé par le marigot de DGIÉRER, au village de DEMBAKANÉ.

Le FOUTA est peuplé par plusieurs races : le nom de chacune d'elles sert à indiquer la province où elle est prédominante.

En sortant du WALO on entre dans la province TORO, qui se divise en DIMAR et TORO proprement dit, et s'étend de DAGANA à ALÉÏBÉ. La race *Dimar* occupe le pays, de DAGANA à DOUÉ, situé à l'entrée de l'île à morphil; les *Séélobés*, de DOUÉ à ALÉÏBÉ.

Le chef de cette province a le titre de *lam toro ;* son autorité, bien reconnue dans le TORO, n'est que nominale sur le DIMAR. Ce dernier canton a pour chef un *eliman*.

C'est dans le DIMAR que se trouvent les villages de FANAYE et de DIALMATH, où la bravoure française a laissé d'honorables souvenirs.

La race *Lâve* habite le LAÔ, de ALÉÏBÉ à SALDÉ. On remarque dans le LAÔ le village de CASCAS, où M. le comte *Bouët-Willaumez*, alors gouverneur, déploya cette intrépidité qui a gravé son nom en caractères éclatants et ineffaçables dans l'esprit des habitants de la Sénégambie.

De SALDÉ à MATHAM habitent quatre races mélangées, dont les chefs sont les véritables maîtres du pays : ce sont les *Bossyabés*, les *Irelabés*, les *Hébiyabés* et les *Vorgos*.

Le prince des *Bossyabés* porte le titre d'*eliman rindiaw;* celui des *Irelabés*, d'*eliman alfa;* celui des *Hébiyabés*, d'*eliman omar;* enfin celui des *Vorgos*, d'*eliman bolo*.

De Matham au Galam on trouve le DAMGA, habité par la race *Guénar*, dont le chef est désigné sous le nom d'*alfeki*.

Le Fouta était peuplé jadis par les *Déliankés*, d'origine *puelh*, grande race qui, pure ou mélangée, occupe de vastes contrées à l'orient du Sénégal.

Le *Puelh*, dans sa constitution morale et physique, présente des caractères qui s'éloignent complétement de ceux de la race noire : il a le teint cuivré, le nez droit, le front proéminent, une taille bien prise et une stature élégante. Intelligent, fidèle, dévoué, industrieux, susceptible d'un rapide développement intellectuel, il est, beaucoup plus que le nègre, accessible à la civilisation.

Cette race, maîtresse du Fouta, fut dépossédée par une guerre de religion.

Les rapports entre les Maures et les femmes *déliankés*, ceux des hommes de cette dernière race avec les négresses, avaient créé une espèce intermédiaire dont on désignait les membres sous le nom de *Torodos*.

Devenus très-nombreux, loin d'imiter les *Déliankés*, dont la foi était molle, les *Torodos* observaient, avec une ardeur feinte ou vraie, les pratiques du mahométisme. Race déshéritée, animée par conséquent d'une haine profonde contre ses maîtres, elle voilait de formes religieuses son désir de domination.

Mais lorsqu'elle se crut assez forte pour entrer en lutte, elle leva l'étendard de la révolte, et, après de longues luttes, finit, sous la conduite du *thierno* (nom des prêtres mahométans au Fouta) *Amadou-bal*, par écraser les anciens dominateurs du pays.

Cela fait, les *Torodos* se partagèrent les dépouilles des *Délianhès*. C'est ainsi que finissent toutes les révolutions. Aux chefs ils prirent l'autorité, à tous les terres et les captifs ; ils n'épargnèrent que le *lam toro*, qui, dès le début de la guerre, avait abandonné sa race pour se ranger du côté des révoltés. Ce chef habitait GUÉDÉ, village où ses successeurs résident toujours, encore peuplé, en grande partie, aujourd'hui par des hommes de la race vaincue.

Les *Bossyabés* et les *Irelabés* composent les deux castes prépondérantes du FOUTA; nous allons faire connaître les causes de cette suprématie.

Les *Bossyabés* et les *Irelabés* viennent de l'union d'un Maure avec une *Délianké:* tant il est vrai que, dans ce coin perdu du monde comme ailleurs, la race caucasique, en jetant des rejetons, même croisés, leur communique une puissance intellectuelle et morale qui leur assure la suprématie.

Aussi les *Bossyabés* et les *Irelabés* nomment-ils seuls le chef politique et religieux, qui porte le titre d'*al mami*.

La charge de ce souverain, loin d'être viagère, n'a qu'une existence dont la durée se mesure à la bonne volonté de ses patrons.

Mais ces électeurs, par une singularité qui prend évidemment sa source dans une transaction entre les éléments divers qui ont concouru au déplacement du pouvoir, doivent choisir l'*al mami* parmi les *Torodos* issus d'un *Délianké* et d'une négresse.

Le gouvernement du FOUTA est une république théocratico-aristocratique. Les chefs de province, de canton et de village, sont héréditaires; le souverain, qui est toujours un prêtre musulman, est seul électif.

Le *Koran* y forme la loi unique dans l'ordre politique et civil; toute la vie sociale s'y règle par les principes, plus ou moins bien compris, de leur livre sacré.

La religion musulmane est seule tolérée au FOUTA.

Tout individu qui réside sur le territoire du FOUTA doit faire publiquement le *salam* et observer minutieusement les pratiques extérieures de l'idolâtrie musulmane; s'il se refuse à ces marques d'adhésion, il encourt la confiscation des biens et l'exil.

Nous avons dit plus haut que les races *bossyabe* et *irelabé* avaient seules le droit, par l'organe de leurs chefs, dont elles ratifient toujours le choix, de nommer l'*al mami.* Quand les princes se sont entendus sur le candidat, ils le consultent, afin que, s'il accepte, il désigne le lieu où il entend fixer sa résidence. Son choix ne peut porter que sur un des quatre villages suivants : ORÉFONDÉ, TCHI-

LOGNE, CAUDIBOLE et DGIABA, tous situés vers le centre du pays.

Lorsque l'*al mami* a fait connaître sa détermination, il est proclamé, et ses électeurs fixent le jour du couronnement.

La cérémonie se fait sans grande pompe : le diadème est un simple turban d'étoffe blanche.

Pour inaugurer son intronisation, l'*al mami* donne une sorte d'investiture nouvelle à tous les chefs du pays : formalité indicative d'un droit ancien, et tout à fait vaine, car il ne peut révoquer personne sans le consentement de ses patrons.

Quand l'*al mami* a perdu les bonnes grâces de ses électeurs, ce qui arrive fréquemment, ils lui ordonnent d'abdiquer. Comme ce fantôme de souverain est toujours incapable de résister, après lui avoir signifié leurs volontés, accompagnées quelquefois de la confiscation des biens, ils procèdent à son remplacement.

Les chefs de village administrent leur canton et rendent la justice dans les affaires de peu d'importance.

Le jugement des causes graves, civiles ou criminelles, appartient au chef de la province. S'il prononce la mort, la sentence ne doit être exécutée qu'après ratification par l'*al mami*; de plus, la peine ne peut être subie qu'au lieu où réside celui-ci.

A un degré inférieur, les peines sont : la perte de la main, d'une oreille; les coups de fouet, et l'emprisonnement.

Le meurtre entraîne la mort dans tous les cas; mais, s'il a été involontaire, le meurtrier peut racheter la peine.

Les simples blessures faites volontairement sont punies du fouet; la décision du procès est suspendue jusqu'à la guérison ou la mort de la victime. Le coupable, quel qu'il soit, condamné à la fustigation, doit subir ce châtiment, à moins de maladie constatée; dans ce cas, il peut offrir une compensation pécuniaire.

Quand les blessures résultent d'un accident, leur auteur, condamné encore à des coups de fouet, a la faculté de satisfaire à la sentence en offrant une somme d'argent.

Si un captif tue ou blesse un homme libre, la justice n'intervient que pour livrer le coupable au blessé ou à la famille du mort; ceux-ci en disposent dès lors à leur gré : ils peuvent le tuer sans forme de procès.

Le vol entraîne, la première fois, la perte de la main, et pour la récidive celle de l'oreille droite. Un troisième délit de cette nature est payé, par un libre, de son oreille gauche; mais un captif encourt la mort.

L'homme qui a des relations prouvées avec une fille ou une veuve mérite la mort; mais, s'il est de bonne famille, il pourra, en rachetant la peine, rester dans le pays. Dans le cas contraire, ses biens sont confisqués, et il encourt l'exil, après avoir été, au préalable, vigoureusement fouetté. La femme ne subit aucun châtiment.

La peine est la même pour l'homme, si la femme est mariée; mais la femme, dans ce cas, outre le divorce et la perte de sa dot, est condamnée à être fustigée, et la sentence s'exécute, à moins qu'en raison de sa santé la coupable n'obtienne de compenser sa peine.

Si, plus tard, elle parvient à se remarier, ce qui est très-rare, il lui sera toujours défendu de se placer dans une réunion publique, et surtout pendant les exercices religieux, auprès des femmes qui jouissent d'une bonne réputation.

Les sommes payées pour se racheter d'une peine corporelle appartiennent à celui qui a souffert du délit ou à sa famille; nous avons vu qu'au Cayor elles étaient la propriété du juge.

Les femmes mariées ne peuvent sortir, pendant le jour, que dans le cas de nécessité absolue; celles qui ont quelque aisance se tiennent soigneusement enfermées.

Un homme ne peut, pendant l'absence du mari,

pénétrer chez une femme mariée. Personne, d'ailleurs, ne doit entrer dans une maison sans en avoir demandé la permission : l'agrément du maître se formule par le *bissimilaï!*

Les habitants du FOUTA possèdent des captifs, car la loi de Mahomet autorise l'esclavage. Les captifs sont traités plus durement qu'au CAYOR et au WALO.

Le FOUTA n'a point de milice permanente ; lorsque le pays est en guerre, chaque chef réunit les hommes de son village ou de sa province. Mais ces armées, dont les différents corps sont indépendants, ne brillent ni par le courage ni par la discipline; il suffit de gagner quelque chef, dont la retraite ne manque jamais de désorganiser l'armée. S'il n'ose prendre un parti aussi net et aussi décisif, il demande une assemblée; là, dans d'interminables discours, chers aux républicains, les questions deviennent si confuses que la désunion s'introduit parmi les principaux et que l'armée se disperse. Dans tous les cas, leur esprit d'insubordination, qu'ils appellent amour de la liberté, est tel qu'il leur est impossible de tenir longtemps la campagne.

Cependant, les gens du FOUTA se croient, dans leur insolente fierté, le premier peuple du monde, les enfants chéris de Dieu; car eux seuls, parmi tous les peuples musulmans, disent-ils, observent convenablement la loi de Mahomet.

Ils considèrent les noirs du Sénégal comme une sorte d'infidèles souillés par le contact des chrétiens, et les désignent, ainsi que nous, sous le nom de *jeffres* (infidèles, juifs), *gagnon allah* (ennemis de Dieu), et croient faire une œuvre méritoire en nous dépouillant.

C'est sans doute à la hauteur des gens du Fouta que les marabouts sénégalais voudraient porter les noirs de Saint-Louis; ils n'y ménagent pas leurs efforts, dans tous les cas.

Les gens du Fouta disent hardiment que le fleuve leur appartient; le passage de Saldé est, selon eux, une porte qu'ils ont le droit de tenir fermée, tant que nous n'avons pas payé tribut. D'une exigence extrême sur ce point, ils attachent plus de prix à l'idée de nous imposer leur suprématie qu'au profit matériel qu'ils en retirent. Ils retenaient jadis, pendant des semaines entières, à Saldé, nos navires de commerce; pendant ce temps, le bâtiment envahi nourrissait tous les visiteurs, et les équipages, vexés, insultés, devaient supporter en silence ces avanies; car, sous le moindre prétexte, le premier venu ne manquait pas de prononcer le mot sacramentel : *Lawoul allah* (le chemin de Dieu, la justice). C'était une assignation à comparaître devant un marabout voisin, aposté quelquefois, qui condamnait le Sénégalais à une fustigation; peine dont on se rachetait en fournissant des compensations, toujours jugées insuffisantes.

Quoique ces pratiques aient perdu quelque chose de leur caractère vexatoire, elles subsistent encore, et elles feront sentir leur fâcheuse influence tant qu'une leçon un peu longue et très-sévère n'aura pas abattu l'insolence de ces prétendus maîtres du fleuve.

La race *Dimar* seule paye tribut au roi des *Trarzas*. Dans le reste du pays, les Maures *Trarzas* et *Braknas* peuvent se livrer au commerce; mais, s'ils paraissent en armes, le pays se soulève, les poursuit et leur fait souvent payer très-cher cette violation du territoire. Il y a plus; lorsqu'un parti de Maures, à la suite de quelque guerre intestine, se réfugie dans le Fouta, l'*al mami* lui impose une redevance, ordinairement acquittée en chevaux.

Les gens du Fouta parlent le *puelh*, l'ancienne langue des *Délianhés*.

La culture est en grand honneur dans ce pays: personne ne peut se dispenser du travail de la terre, l'*al mami* lui-même a son *lougan*. S'il ne le cultive pas de ses mains, au moins ne manque-t-il pas de surveiller assidûment ses serviteurs. Les femmes de la classe pauvre partagent les travaux de leurs maris ; dans les loisirs de la case, elles filent le coton indigène.

Le mil y donne deux récoltes comme au WALO. Outre le *souna* et le *dgiarnat*, il existe au Fouta une troisième espèce de mil (*tchiotane*), qui peut se manger sans préparation.

La terre, d'une extrême fertilité, produit des pâturages excellents où se nourrissent des bestiaux de grande taille. On y récolte le *berraff*, les pistaches, les haricots et une foule de légumes.

Il en sort des peaux en grande quantité. On y cultive le cotonnier et l'indigofère.

Ils élèvent des chevaux de race arabe, pure et mélangée.

Le fleuve et ses dérivés abondent en poissons.

Mais la somme de nos transactions avec le Fouta pourrait être, en peu de temps, centuplée, si on s'attachait à y favoriser la production des denrées utiles à notre commerce.

En effet, la pistache, lorsque nous irons l'acheter sur place, donnera bientôt des produits immenses.

En intéressant, au moyen de cadeaux d'une faible importance, les chefs de village et de province à cette industrie nouvelle, en perfectionnant surtout notre système de batelage, il est certain que le FOUTA fournira à lui seul plus de matières commerciales que le CAYOR et le WALO réunis.

Qu'il nous soit permis d'émettre ici le vœu que le Fouta, pays trop fermé pour nous jusqu'à ce jour, soit étudié de plus près par l'administration locale. Il faut, selon nous, si nous voulons y faire prévaloir notre influence, nous introduire entre les différents chefs, rechercher leurs rivalités secrètes, et réveiller les débris de l'ancienne race *Délianké*. Il ne serait pas difficile, ce nous semble, d'asseoir, au milieu des partis qui divisent et déchirent cette république, une prépondance qui tournerait à notre avantage politique et commercial.

Ce pays nous approvisionne de mil: il achète, de nos traitants, de la guinée, du sel, des armes et des munitions de guerre, des tissus imprimés, des verroteries, du sucre et de la mélasse; le Toro et le Laô, du fer; les provinces supérieures le tirent du Damga et du Galam, où on traite le minerai.

Le commerce, qui se fait aujourd'hui par trois points, Matham, Ganel et Dgiellé, pourrait s'étendre sur tout le pays. Avec quelques efforts, nous établirions sur les bords du fleuve des comptoirs où l'arachide affluerait. Nos traitants, répandus ainsi de Gandiol au Galam, donneraient partout le spectacle des mœurs françaises, et les habitants, si exclusifs jusqu'à ce jour, façonnés peu à peu à nos usages, prenant goût aux produits de notre industrie, perdraient cet esprit d'isolement que les *Thier-*

nos fomentent, là comme ailleurs, au profit d'une influence qui, pour rester dominante, entretient un fanatisme sauvage.

Au-dessous des dominateurs que la guerre et les révolutions leur ont imposés, les *Déliankés* subsistent encore. Quelques villages du DAMGA, WALY-DGIANTANG, BARKEIDGI, LOOBALY, BITELL, VERNA, BO-RODGI, GANGUELI, GOURIK, ne contiennent encore aujourd'hui que des Déliankés. Cette race, convenablement ranimée, nous servirait d'auxiliaire. Ses mœurs sont plus douces que celles de leurs vainqueurs; ils aiment la poésie, les chants et la musique. Ils seraient plus accessibles que les *Torodos* aux idées françaises, et par eux nous pourrions peser sur le reste du pays.

Voici un trait récent qui peut prouver combien les *Déliankés* savent se montrer les observateurs fidèles des lois de l'hospitalité. L'année dernière, lors de la prise de DIALMATH, nos traitants, établis dans les villages *déliankés*, voulaient se retirer sur BAKEL. Les *Déliankés* les rassurèrent, en leur disant: « Nous ne souffrirons jamais que, parmi nous, un *Torodo* vienne molester vos personnes ou léser vos intérêts; » et ils ont tenu parole.

A part les différences dans les mœurs signalées plus haut, certains préjugés sont communs aux hommes du FOUTA et à ceux des pays inférieurs;

ainsi ils méprisent, eux aussi, les cordonniers, les forgerons, les tisserands et les griots. Un homme de ces races déshéritées ne peut se marier que dans sa caste; s'il est bon musulman, le préjugé s'affaiblit un peu, mais ne s'éteint jamais.

Il est défendu aux *griots* de se servir du *tamtam*. Au lieu de ces chants indécents que hurlent, les doigts dans leurs oreilles, leurs confrères du CAYOR et du WALO, leurs griots ne peuvent faire entendre que des paroles religieuses, sorte de cantiques à la louange de *Mahomet*. Ils ne doivent jouer d'aucun instrument. Il n'en est pas de même des *Déliankés*, qui, eux, se servent, pour accompagner leurs chants, d'une guitare à trois ou quatre cordes, ou d'un violon à trois cordes.

Quoiqu'un musulman ait le droit, en vertu du *Koran*, de prendre quatre femmes légitimes, il est rare qu'un homme du FOUTA ait plus d'une épouse; pratique excellente, qui a fait la force de cette race, et a amené, sans nul doute, une augmentation rapide de la population.

Les cases, au FOUTA, sont généralement construites en roseaux; cependant on commence à en bâtir avec de la terre, les unes couvertes en paille, d'autres avec un toit de mortier. Cette méthode, qui améliore singulièrement leurs conditions d'existence, leur vient du haut pays, où elle est répandue.

Ceux qui connaissent le haut pays ont observé avec étonnement que les peuples de ces contrées, quoique moins souvent en contact avec nous, sont bien plus avancés que les noirs de la basse Sénégambie dans la voie de la civilisation.

Les hommes des régions supérieures considèrent les *Wolofs* comme des barbares. « Ce sont des gens « de peu d'esprit, » disent-ils. Il est certain que, plus on s'avance dans l'est, plus on rencontre d'idées saines sur la police et l'organisation sociale.

Du haut pays, en effet, sont descendues les améliorations qui s'infiltrent peu à peu dans le Fouta.

Combien n'est-il pas à déplorer que, de notre côté, nous n'ayons tenté, jusqu'à ce jour, rien de sérieux?

Si, dans cet ordre d'idées, nous avions établi un courant qui aurait remonté le Sénégal, il aurait rencontré depuis longtemps celui qui se dirige vers l'ouest, et leur combinaison aurait donné, sans nul doute, des résultats d'une utilité appréciable.

CHAPITRE XXV.

Du Galam.

Le Galam contient deux grandes provinces, le Guidiaga et le Kassô.

Le Guidiaga est divisé en deux parties, peuplées de la même race, mais gouvernées par des chefs aujourd'hui indépendants.

La première, qui touche au Fouta, dont elle est séparée, ainsi que nous l'avons dit, par le marigot de Dgiérer, porte le nom de Goye, et s'étend jusqu'à la rivière *Faléme*, affluent du Sénégal ; de ce point, la seconde, appelée Kaméra, se prolonge jusqu'à Kégnou. A Kégnou commence le Kassô, dont le territoire englobe la cataracte du Félou et s'étend jusqu'à Gouïna.

Le Goye et le Kaméra sont gouvernés par les princes *Bakiris*. Le fond de la population se compose de *Saïbobés*, branche de la race *Saracolet*.

Le Goye, sur lequel a été bâti notre fort de Bakel, a pour capitale Tuabo, si on peut donner ce nom de capitale à des villages plus ou moins peuplés.

La capitale du Kaméra est Makrana, auprès duquel était jadis le fort de Saint-Joseph.

A côté de notre fort de Bakel, et sous la volée de ses canons, se trouve un gros village, peuplé en grande partie par les *Dgiaïbés*, émigrés du Dgioloff, ainsi que nous l'avons dit. Ces *Dgiaïbés*, dévoués à la France, nous servaient d'auxiliaires quand il s'élevait quelque querelle entre nous et les *Bakiris*. Qu'on nous permette de raconter ici comment, dans certaine circonstance, leur dévouement fut récompensé.

En 1824, les gens de Tuabo avaient volé les bœufs du poste. La coutume que nous leur payions fut naturellement supprimée; mais le *tounka* (chef des Bakiris) gémissait tellement d'en être privé que son fils, homme ardent, résolut de tirer vengeance des prétendus griefs de son père. Il avait remarqué que le commandant du fort se promenait, tous les soirs, du côté du mont aux Singes; un jour, il se mit en embuscade, et, au moment où plusieurs blancs passaient, il frappa d'un coup de lance celui qu'à ses insignes il jugea le plus élevé en grade. La personne atteinte n'était pas le commandant, mais M. Nonat, officier, qui ne tarda pas à mourir de ses blessures. Ce crime amena la guerre, et les *Dgiaïbés* embrassèrent notre parti.

A la paix, ils ne furent pas compris dans notre traité, de sorte que la guerre continua entre eux et les Bakiris. A la fin ils entrèrent en arrangement; mais les *Bakiris* les appelèrent devant l'assemblée générale du pays, les accusant d'avoir secondé les blancs contre les descendants de ceux qui avaient donné un asile à leur race. Les *Dgiaïbés* furent tous condamnés à mort, sentence commuée en celle de la confiscation des biens. Depuis ce temps, quoiqu'à la suite de vexations intolérables qu'ils avaient à souffrir de la part des Bakiris ils aient été placés officiellement sous notre protection, dans les événements graves ils restent hésitants.

Il y a quinze ans, le Goye et le Kaméra étaient gouvernés par un seul prince, qui prenait le titre de *tounka;* il avait des lieutenants à Tuabo et à Makrana. La dignité de *tounka* appartenait toujours au plus âgé des Bakiris, quel que fût son degré de parenté avec le souverain précédent.

Mais, en 1834, *Diadgi* étant *tounka* (il habitait le village de Kôtrai dans le Kaméra), *Sambayacine*, chef de Makrana, homme très-intelligent et ambitieux, voulut s'emparer de la souveraineté du Gui-

DIAGA. Ayant appelé à son aide une armée de *Bambaras* du KUARTA, il envahit le GOYE et vint investir TUABO. Le chef du GOYE, réduit à la dernière extrémité, résolut de ne pas subir la honte de tomber entre les mains d'un traître; il s'enferma donc dans sa case avec ses femmes, ses enfants, ses valeurs et toute sa provision de poudre: un tison le déroba à la vie et à la vue de ses vainqueurs. Les *Bakiris* du GOYE tombèrent presque tous entre les mains de *Sambayacine*, qui les fit massacrer, et leurs cadavres jonchèrent longtemps le chemin qui, de TUABO, conduit à BAKEL.

Cependant quelques *Bakiris* avaient pu échapper à la fureur de l'ennemi, entre autres *Samba coumba diama* et son fils *Silly*. Au moment du massacre, le premier se trouvait à BAKEL, l'autre, chez les *Guidimakras*, sur la rive droite. Ils purent se réfugier au fort, d'où ils gagnèrent le FOUTA. Le vainqueur fit prêter serment de fidélité aux habitants du GOYE; mais, l'année suivante, *Samba coumba diama* et son fils, ayant réuni leurs partisans et quelques aventuriers, rentrèrent dans leur pays, et allèrent s'établir à COUNGUEL, village situé entre Bakel et MAKRANA. Ils se maintinrent dans ce poste, entretenant contre *Sambayacine* une guerre qui se prolongea, avec des succès balancés, jusqu'en 1840.

En ce moment, *Samba coumba diama*, se sentant en force, alla assiéger *Sambayacine* dans MAKRANA; il cerna le village, et, resserrant de jour en jour les habitants, les réduisit à une telle extrémité qu'ils parlaient de se rendre, lorsque *Sambayacine*, recourant à son ancienne tactique, appela à son secours les *Bambaras*, qui forcèrent *Samba coumba diama* à se retirer.

Quelques jours après, *Sambayacine* mourut, et le *tounka Diadgi* lui ayant survécu de peu, il ne fut pas pourvu au remplacement de ce dernier.

La paix n'a été rétablie entre les deux provinces qu'en 1844, en présence et par les bons offices de M. Paul Holl, alors commandant du fort de BAKEL; mais *Samba coumba diama*, plein de mépris, et il l'exprimait tout haut, pour les traîtres qui avaient secondé *Sambayacine* et appelé l'étranger à leur aide, voulut que les anciens liens politiques fussent entièrement brisés. Depuis ce temps, le GOYE et le KAMÉRA s'administrent chacun par un chef particulier.

Les *Bakiris* et les *Saïbobés*, leurs sujets, se livrent au commerce et à la culture des terres. Cette race intelligente aime notre nation et les produits de de notre industrie. Il serait facile de la conduire activement dans la voie du progrès, et de créer à BAKEL un centre d'affaires bien supérieur à celui d'aujourd'hui.

Les gens du GUIDIAGA ne se permettent aucun pillage; ils observent la justice. Quand un Sénégalais, échappé aux avanies du FOUTA, met le pied sur les terres du GOYE, il se considère comme en pays ami; sa surveillance se relâche; il vit dès lors dans une entière sécurité.

La bonne harmonie qui règne entre les habitants du GUIDIAGA et les noirs de Saint-Louis, l'abondance et le bas prix de la nourriture, le désir bien légitime de se créer des moyens nouveaux d'existence, ont attiré un grand nombre de Sénégalais à BAKEL, depuis que le commerce y est devenu libre. Or, une masse d'hommes ne se déplace pas sans emporter une certaine somme d'idées qu'elle répand en se fixant; aussi peut-on remarquer déjà que beaucoup de *Bakiris* parlent la langue *wolowe* et comprennent quelques mots de français. Les femmes, au lieu du simple pagne qui, noué autour des reins, laissait leur poitrine nue, se revêtent aujourd'hui du costume des femmes de Saint-Louis.

Musulmans de nom, faciles, sans fanatisme, ceux du KAMÉRA surtout n'hésitent pas à boire des liqueurs fermentées. Les hommes du GOYE, influencés par le voisinage du FOUTA, se montrent plus scrupuleux et plus réservés, sans être toutefois complétement sobres.

Ils habitent presque tous dans des maisons en

terre assez commodément disposées. Chaque village est entouré d'un *tata* (mur d'enceinte). Pour défendre les approches dans toutes les directions, ce mur est construit en lignes brisées; aux angles s'élèvent des abris, espèces de bastions dans lesquels on loge les meilleurs tireurs.

Les Maures *Zénaga*, dits *Dowichs*, encore plus pillards que les *Trarzas*, et ce n'est pas peu dire, sont toujours à l'affût pour leur voler leurs femmes, leurs enfants et leurs bestiaux; la terreur qu'ils inspirent est telle que cinq ou six de ces brigands peuvent impunément pousser leurs excursions jusque dans le Bondou. Les *Saïbobés* tremblent à leur aspect, et ne leur résistent, en rase campagne, qu'autant qu'ils voient à leur tête les laptots de notre poste; mais, une fois réfugiés derrière leurs *tatas*, ils leur opposent une résistance si opiniâtre, que les Maures viennent rarement les y affronter.

Nous avons dit plus haut que les *Bakiris* et leurs sujets étaient industrieux; en effet, ils nous servent volontiers de courtiers, et se répandent, avec nos marchandises, dans tous les pays environnants; quelques-uns poussent leurs excursions jusqu'au Ségou.

Leurs mœurs, leurs usages, pris dans leur ensemble, ne diffèrent pas de ceux des autres peuples de la Sénégambie.

Le sel, dont le haut pays est absolument privé, y forme, avec la guinée, l'aliment principal de notre commerce. Ils achètent encore des verroteries de toute espèce, du corail, de l'ambre, des *kauris*, coquillage qui sert de monnaie dans le KAARTA et le SÉGOU, des armes, des tissus imprimés, et beaucoup de soufre, employé, dans le KAARTA surtout, à fabriquer une poudre à feu grossière.

Ils traitent le minerai de fer, très-abondant même aux environs de *Bakel*, et produisent un métal d'un grain doux qu'ils préfèrent au nôtre.

L'indigo, d'une qualité bien supérieure à celui de la basse Sénégambie, leur permet de teindre de belles étoffes de coton que fabriquent leurs nombreux tisserands.

Le GUIDIAGA produit la pistache, le sésame, le riz, le *fognio,* graine d'une plante fouragère propre à l'alimentation, du mil de deux espèces, du maïs, des oignons, du coton, des patates douces, des giraumons excellents, des haricots, etc., etc.

Notre établissement de BAKEL est le rendez-vous de caravanes parties de très-loin; c'est là qu'elles échangent la gomme dite de *Galam*, blanche, moins dure que celle de la basse Sénégambie, contre notre sel, notre guinée et les marchandises qui lui servent d'assortiment.

Les compagnies privilégiées qui ont exploité jusqu'à ces derniers temps le commerce de cette contrée ont habitué les populations à rencontrer dans notre comptoir des marchandises à leur convenance. A ce point de vue, elles ont accompli une œuvre utile; mais, par une loi inhérente à tout monopole, leur impuissance s'est révélée quand il a fallu dépasser un certain niveau. Si, en effet, le privilége a la vertu d'établir fortement, il repousse le progrès, qui ne se réalise qu'à la suite d'essais et de sacrifices. Aussi avons-nous applaudi, avec le pays, à la suppression des compagnies privilégiées.

Le GALAM est évidemment destiné à devenir un centre important dont l'influence rayonnera sur les pays voisins. C'est de là, lorsque nous aurons consolidé notre prépondérance sur la rive gauche, que l'esprit d'entreprise se répandra sur la haute Sénégambie. Serait-il donc si téméraire de croire que notre commerce, après avoir fait sentir ses bienfaits au BONDOU, au BAMBOUK et au KASSÔO, après avoir étendu son bras fécond au delà du FÉLOU, pourra pénétrer dans le KAARTA et s'épancher jusque vers le SÉGOU ?

Sans doute, en ce moment, l'apparition de l'*Al-Aguy Oumar*, ce charlatan qui déguise son ambition sous le voile d'une idolâtrie nouvelle, nous force à attendre que le torrent se soit écoulé; mais ce temps d'arrêt, qui nous permet d'ailleurs d'agir sur la basse Sénégambie, sera de peu de durée. Quels que soient les changements politiques que devront amener la présence et les prédications de cet *Al-Aguy*, il faudra bien que, dans un temps prochain, les populations reprennent avec nous leurs relations et leurs échanges; c'est alors que l'avenir de notre commerce dans le haut pays devra être sérieusement étudié. De Bakel au Félou, le cours du Sénégal ne devra-t-il pas rester libre, et la rive gauche toujours accessible à nos traitants? Il faudra bien que Médine, protégée par un fort, devienne un nouveau centre d'affaires et un moyen d'influence sur le Kaarta.

De ce point l'esprit d'entreprise saura franchir la cataracte et s'élancer vers les régions fertiles et peuplées qui s'étendent jusqu'à Gouïna.

La cataracte de Gouïna elle-même ne sera qu'une station pour marcher vers des contrées nouvelles, jusqu'ici plutôt soupçonnées que connues.

La terre de ces pays est d'une fertilité incomparable. Les habitants, doux et laborieux, sont disposés à lui demander toutes les denrées utiles qu'elle peut produire. L'arachide y donne des récoltes d'une abondance merveilleuse et d'une qualité supérieure; le sésame y prospère; mais tout s'arrête, travail des habitants, échange de la denrée, parce que nous n'avons pas su améliorer nos moyens de transport. Peut-on attendre quelque développement dans la production, et par suite dans les échanges, lorsque nous voyons le haut Sénégal accessible seulement à de petits navires qui emploient, avec des frais énormes, trente-cinq à quarante jours pour franchir la distance qui sépare Saint-Louis de Bakel (deux cent cinquante lieues environ)?

Tout produit qui n'est rémunérateur pour personne est nécessairement négligé. La gomme, denrée précieuse, pouvant toujours donner quelque bénéfice, dans tous les cas couvrir les frais, ne sera jamais absolument négligée; mais l'arachide, matière encombrante, est forcément dédaignée, en présence des débours qu'entraîne son transport. Il faut donc que les vues des hommes pratiques se portent sur les améliorations à introduire dans notre système de batelage.

Nous reviendrons sur cette idée dans le chapitre où nous traiterons de l'avenir de cette colonie.

CHAPITRE XXVI.

Du Kassô.

Le Kassô, ainsi que nous l'avons dit, commence à Kégnou. C'était jadis un vaste pays qui embrassait les deux rives du fleuve et s'étendait jusqu'au Diara, habité par la race *Diawara;* mais, après la révolte des captifs du Kaarta, qui allèrent s'établir dans le Ségou, les anciens maîtres du Kaarta, poussés par les révoltés, réagirent sur le Diara et une partie du Kassô. Ils absorbèrent le premier de ces pays, et réduisirent le second à un territoire qui, sur la rive gauche, s'arrête à la cataracte de Gouïna, tandis que, sur la rive droite, il s'étend bien au delà.

C'est dans le Kassô que se trouve la cataracte du Félou, en vue du village de Médine, dont nous parlerons plus bas.

Les *Kassongais* tirent leur origine de la race

Puelh : leur habitude extérieure et le développement de leur intelligence le prouvent suffisamment. Ils parlent cependant une langue particulière, composée de *bambara* et de *malinké* (mandingue).

Musulmans de nom, ils ne dédaignent pas les liqueurs fermentées.

Ils aiment la guerre, et combattent bravement, aussi bien à pied qu'à cheval. Ils se servent, mais rarement, de fusils ; leurs armes de prédilection sont les flèches, dont ils empoisonnent la pointe avec des sucs végétaux. Ils font surtout, avec une rare patience et des ruses infinies, la guerre d'embuscade. Lorsqu'ils veulent surprendre et piller un village, ils l'incendient en attachant à leurs flèches des linges enflammés. Jamais ils n'hésitent, si on les récompense convenablement, à vendre leurs services aux chefs voisins ; aussi servent-ils d'auxiliaires aux princes du Bondou ou du Bambouk dans leurs querelles intestines.

Leur gouvernement est une espèce de république fédérative. Chaque canton, c'est-à-dire une agglomération de cinq ou six villages, a un chef dans la famille duquel se transmet le pouvoir. Mais on ne rencontre au Kassô aucune autorité générale et centrale ; aussi le pays est-il tombé dans l'anarchie ; elle envahit toujours les sociétés, grandes ou petites, privées d'une volonté directrice.

Le village et le canton de MÉDINE, celui que nous fréquentons le plus, a pour chef actuel *Sambala*, fils d'*Awademba*. Ce fut *Awademba* qui reçut le Français *Duranthon*, dont les aventures méritent d'être racontées.

Duranthon avait été chargé, par le gouvernement français, d'explorer la haute Sénégambie. Il visita en détail le KASSÔ, et acquit des notions assez précises sur les mines d'or du BAMBOUK. Au moment où il se trouvait dans le KASSÔ, les *Bambaras* du KAARTA dévastaient le pays d'*Awademba* et y commettaient des exactions qui avaient exaspéré ce prince.

Pour se concilier sa faveur, Duranthon lui promit, en quittant le KASSÔ, de revenir bientôt avec des valeurs considérables et de construire à Médine un fort qui le mettrait à l'abri des vexations et des avanies de ses ennemis. De son côté, *Awademba* s'engagea à lui donner en mariage sa fille *Sadioba*.

Duranthon revint, en effet, avec des munitions de guerre et une grande quantité de marchandises. Il était accompagné d'un ingénieur. Son union avec *Sadioba* s'accomplit; il en a eu trois enfants, dont deux, un fils et une fille, ont survécu. La fille réside à Saint-Louis; le fils, après avoir été élevé en France aux frais de la colonie, est entré à l'école de Saint-Cyr; il est, en ce moment, élève distingué de l'École impériale d'état-major.

Les noirs de Saint-Louis, qui connaissent les succès du jeune Duranthon, disent : « Cela n'est pas « étonnant ; le fils d'un blanc et d'une *Puelh* aura « toujours plus d'esprit que ceux de notre race. »

Duranthon s'occupait, quoique avec des moyens trop restreints et évidemment insuffisants, de la construction, à Médine, du fort promis à *Awademba ;* mais les *Bambaras* et les *Malinkés*, craignant qu'à l'abri de ce réduit celui-ci n'échappât complétement à leur domination, le pressèrent très-vivement. Dans ces conflits, Duranthon perdit une grande partie de ses marchandises. Sa nature énergique ne se laissa pas abattre par ce revers, et il acheva, tant bien que mal, l'œuvre qu'il avait entreprise. Mais la guerre remplissant le Kassô et les pays voisins de partis ennemis, il dut attendre des temps plus favorables pour explorer le Bambouk.

Cependant l'ingénieur qui devait le seconder dans ses travaux d'exploration fut bientôt fatigué d'une vie d'exil et de privations ; une séparation eut lieu. Des bruits défavorables se répandirent à Bakel et à Saint-Louis sur le compte de Duranthon. On l'accusa de vouloir se rendre indépendant dans le haut pays, de se mettre en rapport avec les Anglais de la Gambie, et de chercher à nous créer des difficultés avec *Sada al-mami du Bondou.*

Ces récriminations, dont rien, dans la suite, ne

prouva le fondement, firent pourtant que Duranthon ne reçut plus aucun subside du gouvernement local; dès lors il perdit son prestige.

Toutefois il se maintenait à MÉDINE, lorsque, sous le poids d'accusations téméraires, il fut arrêté, en 1837, par ordre du gouvernement du Sénégal, et amené à Saint-Louis. Mais il se justifia, à ce qu'il paraît, devant ce haut fonctionnaire; car il obtint l'autorisation de retourner dans le KASSÔ.

Il mourut à Médine vers la fin de l'année 1839.

Cet homme intelligent et énergique a, sans nul doute, été mal apprécié. Ses vues étaient larges; il voulait que les Français, prépondérants et fortement établis dans la haute Sénégambie, allassent se placer sur le parcours des caravanes qui traversent le pays de l'ouest à l'est; il voulait nous frayer une route vers les mines d'or du BAMBOUK, si abondantes et si peu connues. Mais, crime irrémissible à cette époque, il parlait de liberté de commerce!!! Il eut, dès lors, à lutter contre une compagnie privilégiée, en possession depuis longtemps d'un monopole dont elle ne voulait se dessaisir à aucun prix... Dans cette lutte il succomba... Il devait périr en effet, car il était venu avant le temps... Son fils, très-intelligent, instruit aux meilleures sources, est peut-être destiné à opérer une révolution dans la haute Sénégambie.

Médine, résidence de *Sambala*, oncle du jeune Duranthon, et où habite aussi *Sadioba*, sa mère, est située au-dessous de la cataracte du *Félou*. C'est un lieu de passage et de station pour les caravanes qui viennent du Ségou, du Kaarta, du Diafouna et du Wasselou. Les unes s'y arrêtent et y échangent leurs marchandises; d'autres poussent jusqu'à Bakel, et même jusqu'à la Gambie.

Du temps des compagnies, nous n'avions en ce lieu qu'un comptoir flottant; depuis que le commerce est devenu libre dans le haut pays, nos traitants ont fait, à terre, quelques essais d'établissement; mais le défaut de protection rend leur position précaire. Ils craignent d'être à chaque instant victimes de quelque pillage, et ce qu'ils ont perdu dernièrement par les dévastations de *Al-Aguy Oumar*, le massacre qu'il a fait à Makrana, ses vols, ne sont pas de nature à les rassurer. Il devient donc urgent de construire un fort à Médine : tout nous en fait une loi. La position est excellente pour les échanges; car les caravanes préfèrent Médine à Bakel, où on n'arrive qu'en s'enfonçant dans un pays infesté de bandits. Les *Bambaras*, qui s'étaient opposés jusqu'à ce jour à l'érection d'un fort, pensant bien qu'une fois rangés sous notre protection les *Kassongais* s'affranchiraient du tribut qu'ils leur ont imposé, sont aujourd'hui impuissants à mettre obstacle à nos desseins : leurs guerres civiles les occupent assez. *Sambala* demande avec instances que nous formions à Médine un établissement armé et permanent. Quand quelque chef subalterne vient lui dire : « Si « les Français construisent ici un fort, bientôt vous « serez leur captif, » il répond sans hésiter : « Voyez « à quelle extrémité les *Bambaras* et les *Malinkés* « ont réduit mon pays ; j'aime mieux que les blancs « me mettent une corde au cou que rester le tributaire des noirs, mes semblables. »

Établis à Médine, nous pourrions franchir la cataracte. Un chemin de mille mètres, facile à tracer, introduirait notre commerce dans un pays nouveau, resté inconnu jusqu'au jour où M. Rey jeune l'a en quelque sorte révélé. Pourquoi ne placerait-on pas sur ce point une voie ferrée? Cinquante lieues d'un pays fertile, arrosé par le Sénégal, s'ouvriraient à notre activité. Des navires construits au delà du Félou, où les bois de construction sont abondants, iraient jusqu'à Gouïna recueillir des produits semblables à ceux qui sortent du Galam, et rencontrer des caravanes qui ne descendent ni à Médine ni à Bakel. Nous aurions ainsi conquis un débouché nouveau et des relations dont ces peuples ne seraient pas les seuls à ressentir les bienfaits.

Au moment de livrer ce travail à l'impression, nous annonçons, avec une satisfaction dont on comprendra la vivacité, que les vœux reproduits ici, après avoir été émis ailleurs, sont réalisés.

Parti, le 29 août de cette année, au milieu des périls et des intolérables chaleurs de l'hivernage, avec une colonne et la flottille à vapeur, M. *Faidherbe*, notre gouverneur, a surmonté tous les obstacles, et, par son incomparable énergie, est venu à bout, en six semaines, d'une entreprise hérissée de difficultés et de périls. Le fort de MÉDINE est construit; il est commandé par M. Paul Holl. Honneur à M. *Faidherbe* et aux braves qui l'ont secondé!

CHAPITRE XXVII.

Du Bondou.

Au sud et au sud-ouest du GALAM on trouve le BONDOU, autrefois dépendant des *Bakiris* du GOYE.

Il ne sera pas sans intérêt de raconter ici la légende accréditée au Sénégal sur la manière dont le BONDOU fut détaché du GALAM, et soumis à la domination particulière d'un chef dont les descendants exercent encore en ce moment l'autorité souveraine.

Le BONDOU était jadis désert.

Malik-Si, marabout célèbre, *Puelh* de race, s'y était retiré avec quelques élèves (*almoubé* en *Puelh*, *taliba* en *Woloff*). Établi au lieu où se trouve aujourd'hui BOULÉBANÉ, il le quittait parfois pour parcourir les pays voisins. Il était partout l'objet d'un accueil empressé, à cause, tout à la fois, de sa réputation de sainteté et des *grigris* excellents qu'il fabriquait.

Le *tounka* de TUABO l'avait pris en grande affection, car il en avait reçu un *grigri* dont la vertu infaillible devait le rendre, lui et sa race, victorieux en tout temps.

Un jour il exposa au *tounka* qu'il lui serait agréable d'avoir la propriété d'un canton du BONDOU, parce que ce pays, couvert de *baobabs* et de *tamariniers*, fournirait à ses élèves une nourriture abondante. Le *tounka* y consentit volontiers et lui dit : « Allez au lieu où sont vos élèves. Demain, au jour, « nous partirons, moi de TUABO, vous de votre vil- « lage; le point où se fera notre rencontre servira, « à l'avenir, de limite à nos terres. »

Malik-Si, se levant de grand matin, marcha rapidement vers TUABO. Cependant le *tounka*, beaucoup moins diligent, parti plus tard, se dirigeait lentement vers BOULÉBANÉ, lorsqu'il se trouva en face du marabout, non loin de TUABO. Étonné il lui dit : « Vous autres *Puelhs*, vous avez plus d'esprit que « nous. Vous venez de m'enlever une partie de ma « terre; mais j'ai donné ma parole, je saurai la te- « nir : ici sera à l'avenir la ligne de démarcation « entre votre pays et le mien. »

C'est ainsi que commença la souveraineté de *Malik-Si*. Ses descendants ont souvent fait la guerre aux

Bakiris, mais ils n'ont jamais eu de succès sérieux, car, « le *grigri* donné par *Malik-Si* au *tounka* de « Tuabo a conservé sa vertu protectrice. »

Maliksi, maître du Bondou, en fit un lieu d'asile. Le pays fut bientôt peuplé de *Torodos*, de *Puelhs* nomades et pasteurs, d'émigrés du Dgioloff, de *Saracolets* et de *Diawaras*, chassés du Kaarta. Le Bondou, dès lors, ne tarda pas à s'agrandir aux dépens de ses voisins, et surtout du Bambouk. En repoussant les *Bamboukains* au delà de la Falemé, il s'empara même de la rive droite de ce cours d'eau, où il établit des villages. En 1841, il a, sur cette rive, conquis Kagniéba, village situé à une journée et demie de marche de Sennoudebou, sur le territoire duquel se trouvent les seules mines d'or qui nous soient un peu connues.

Maliksi est la souche d'une nombreuse race, qui, de son nom, s'appelle *Sissibé*. La dignité d'*al mami* appartient toujours au plus âgé des *Sissibés*.

Les *Sissibés* habitent deux grands villages, Boulébané, à une demi-journée de marche de Sennoudébou, et Koussang, à une bonne journée de cheval du même point. Le siége du gouvernement se déplace selon qu'à la mort d'un *al mami* le plus vieux des *Sissibés* réside à Boulébané ou à Koussang.

Al mami est absolu; il nomme et révoque à son

gré tous les chefs de village; sa volonté est la loi unique du pays. Il a partout des agents qui font la police et lui rendent compte des moindres événements; la plus légère contravention est punie d'une peine très-sévère. Tous les châtiments consistent en coups de corde, dont on peut se racheter; mais le tarif des compensations est fort élevé : dix coups de fouet valent un bœuf. Le produit de ces conversions appartient à *al mami*, qui a bientôt assis une fortune considérable sur la ruine de ses sujets.

A la différence du Fouta, où l'exécuteur doit administrer les coups par une simple flexion de l'avant-bras, sans que le coude appliqué au corps puisse s'en détacher, dans le Bondou on frappe à tour de bras; aussi les patients s'imposent-ils, pour échapper à la fustigation, les sacrifices les plus onéreux.

Al mami a droit aux premiers fruits parvenus à maturité; celui qui oserait se dispenser d'offrir ces prémices serait bien certain de se voir bientôt ruiné par une multitude de condamnations à des coups de corde.

Al mami possède de nombreux captifs, dont le travail assure sa subsistance et celle de sa famille.

Le Bondou produit du mil, des pistaches, du riz en abondance, le sésame, le fognio, l'indigo, du coton, du miel, de la cire, de la gomme, des peaux, du morphil, apporté par des caravanes venant de l'intérieur, enfin des bestiaux, mais de petite taille. Il achète les mêmes marchandises que le Galam, et en première ligne le sel.

On le voit, le Bondou méritait l'attention du commerce. On devait raisonnablement espérer qu'en s'établissant à proximité du producteur les matières d'échange se multiplieraient : c'est ce qui détermina l'établissement, en 1845, d'un comptoir à Sennoudébou, sur la Falemé.

On pensait que, sans négliger les échanges ordinaires, il serait possible de créer sur ce point un atelier pour y manipuler la terre aurifère que les indigènes auraient apportée de Kagniéba. Si cet essai avait été tenté et avait réussi, il est hors de doute que nous aurions facilement habitué les naturels à nous fournir abondamment une matière qu'ils traitent par des procédés si imparfaits; mais cette pensée a été négligée. Le Sénégal ne brille pas par l'esprit de suite, et ce qui avait frappé un gouverneur est bientôt dédaigné ou oublié par un autre.

Lorsque l'établissement d'un poste fortifié à Sennoudébou eut été résolu, il fallut s'entendre avec *al mami* pour régler les conditions de notre prise de possession. *Sada,* alors *al mami,* était bien disposé (il s'est montré, toute sa vie, grand ami des Français); cependant, avant de conclure le traité, il crut nécessaire de consulter les *Sissibés :* le reste du peuple ne compte pas. Il les réunit à SENNOUDÉBOU même. Là, en présence de la commission française, présidée par M. *Parent*, officier du génie, homme d'un grand dévouement à ses devoirs et infatigable pour leur accomplissement, et composée de MM. *Menu-Dessables*, *Paul Holle*, commandant du fort de Bakel, et *Potin-Patterson*, agent de la compagnie de GALAM, l'affaire fut mise en délibération. Les *Sissibés* de KOUSSANG s'opposèrent fortement à la création du fort. « Si vous permettez, « dirent-ils à *al mami Sada*, que les blancs se « fixent dans le BONDOU, bientôt nous ne serons « plus maîtres ni de nos femmes, ni de nos captifs, « ni de nos terres. Nous voulons bien commercer « avec eux, parce que nous comprenons que ces « relations seront avantageuses à notre pays; mais « il ne faut pas qu'ils deviennent nos maîtres. Cependant, vous êtes notre souverain; faites à votre « guise; quelle que soit votre décision, nous nous « y soumettrons. »

Al mami leur répondit : « Le BONDOU est à moi; « à moi donc le droit de décider, et je veux que « les blancs s'établissent dans le pays. »

Le fort fut bâti; mais, quand *Sada* vit qu'on l'avait muni de canons, il fit des objections. « J'avais permis, dit-il, l'établissement d'un comptoir,

« non d'un fort armé..... » Sa résistance dura jusqu'en 1847. Au mois d'août de cette année, M. le gouverneur *de Gramont*, de bien regrettable mémoire, qui a succombé la même année à Saint-Louis, victime de son dévouement aux intérêts du pays, se rendit à SENNOUDÉBOU; il eut avec *al mami* une entrevue dans laquelle celui-ci renouvela ses instances pour l'enlèvement des canons. Alors M. *Paul Holle*, présent à l'entrevue, qui, depuis longtemps, était lié d'amitié avec *Sada*, et en qui celui-ci avait la plus grande confiance, lui dit : « *Sada*, vous avez vous-même à BOULÉBANÉ deux « canons que vous a donnés Duranthon ; ils ser- « vent à préserver vos biens de tout pillage. Pour- « quoi ne voulez-vous pas que nous protégions, « par les mêmes moyens, les grandes valeurs que « nous allons déposer dans notre comptoir? Si nous « n'avons rien pour intimider les voleurs, ils vien- « dront enlever nos marchandises, et cela fera une « mauvaise réputation à votre pays. »

Ces paroles et un cadeau persuadèrent *al mami*; et les canons sont restés.

A la mort de *Sada*, qui arriva à la fin de 1851, le BONDOU est tombé en guerre civile.

Amadou si, le plus âgé des Sissibés, appelé à succéder à *al mami Sada*, était de KOUSSANG, village dont les habitants nourrissaient depuis longtemps des sentiments de jalousie contre les *Sissibés* de BOULÉBANÉ. Son grand âge, son peu d'intelligence rendaient *Amadou si* incapable de bien gouverner le pays, et d'y maintenir cette police exacte qu'avait établie *Sada;* aussi ceux de KOUSSANG, s'abritant derrière l'autorité d'*al mami*, se mirent-ils à piller les malheureux, surtout ceux connus par leur dévouement à la famille *Sada*. Les enfants de celui-ci et leurs parents usèrent de représailles; de sorte que, les querelles s'envenimant, le pays tomba dans l'anarchie et la confusion.

Amadou si ne tarda pas à mourir. Son successeur se trouvait à BOULÉBANÉ : c'était *Amady Gaye*, cousin de *Sada*.

Les *Sissibés* de KOUSSANG, voyant que l'influence allait revenir avec l'autorité à ceux de BOULÉBANÉ, proposèrent à *Oumar-Sané,* frère de *Sada,* de le reconnaître pour *al mami*. Il accepta; mais cette violation de la coutume, la présence de deux *al mami*, firent éclater de suite la guerre civile; elle se continua jusqu'à l'année dernière, époque où arriva sur les lieux *al aguy Oumar*. Celui-ci interposa son influence, et, ayant réuni les différents partis à FARABANA, dans le Bambouk, il leur ordonna de laisser là leurs querelles et de le suivre à la recherche des infidèles, qu'il fallait avant tout convertir. Il fut obéi. Depuis, *Amady Gaye* est mort, et le Bondou se trouve sous la pression d'*al aguy*.

Lorsque le Bondou sera sorti de la crise qu'il subit en ce moment, que les échanges auront repris leur cours, les Sénégalais, s'ils veulent entretenir des relations fructueuses, devront, avant tout, se ménager l'appui des *Sissibés* de Boulébané, et surtout des membres de la famille *Sada*, toujours très-influente. Ceux-ci n'hésiteront pas à diriger sur nos comptoirs les caravanes qui traversent leur pays, tandis que les *Sissibés* de Koussang préfèrent se mettre en relation avec les Anglais de la Gambie, dont ils reçoivent souvent les émissaires et les cadeaux.

CHAPITRE XXVIII.

Du Bambouk.

Le BAMBOUK, contrée peu connue, est un vaste pays qui touche au KASSÔ, au BONDOU, au DGIALONKÉ et au WASSELOU. De vastes forêts inhabitées le séparent du SÉGOU.

Il vit en république, et dans la plus complète anarchie. Si quelques villages se réunissent sous la direction d'un même chef, c'est accidentellement, et pour faire une guerre acharnée aux habitants d'un canton voisin.

Chaque village, et ils sont nombreux, mais peu considérables, s'administre par un chef. Ils ont peu de relations de village à village, car la nature montagneuse du sol rend les communications très-difficiles. Les caravanes ne traversent ce pays qu'au moyen de sacrifices qui doivent se renouveler à chaque station. Après avoir acheté leur sécurité par un cadeau, elles sont conduites jusqu'aux limites d'un village voisin, où l'opération recommence: heureuses quand elles ne rencontrent pas quelque bande de pillards apostés souvent par celui dont elles ont acheté la protection.

Les *Bamboukains*, farouches et méchants, tuent les voyageurs et pillent leurs marchandises sous le moindre prétexte. Ceux d'entre eux qui habitent à proximité du Bondou sont souvent, à cause de leurs méfaits, très-rigoureusement châtiés par *al mami*.

Ils n'aiment pas le travail de la terre. Leur grande passion est la chasse : elle les nourrit, car le pays, couvert de forêts, contient par troupes innombrables des animaux de toute espèce. L'extraction de l'or les occupe pendant toute la saison sèche, d'octobre à mai. Ils n'ont pas même l'industrie de se tisser des vêtements, et ils les tirent du Bondou et du Galam, qui fabriquent, nous l'avons dit, une grande quantité d'étoffes de coton.

L'or se rencontre partout dans le Bambouk ; chaque canton a ses mines, exploitées librement par toutes les familles des villages qui le composent. Vers l'extrême frontière, du côté du Ségou, se trouve le pays de Bouré, où, si on en croit les récits des *dgiolos* (marchands colporteurs), l'or est si abondant qu'on le voit mêlé à la poussière produite par le balayage des cases.

Les mines les plus voisines de SENNOUDÉBOU sont celles de KAGIÉBA, de GNIORKOLA et de TAMBA. Si, plus tard, nous voulions nous mettre sérieusement à portée des gîtes aurifères, il nous serait facile d'établir des comptoirs à TOUMBARA et à SINSANDING, sur la rive gauche de la FALEMÉ, dans le BONDOU par conséquent; de là, d'atteindre les mines qui sont le plus à notre portée, et d'entretenir, d'abord par des courtiers indigènes, plus tard par nous-mêmes, des relations avec le BOURÉ.

Les *Bamboukains* ne suivent pas la religion musulmane; ils ont cependant quelques notions, quoique grossières, de l'immortalité de l'âme. Les cérémonies qu'ils pratiquent avant de se livrer au travail des mines révèlent, à cet égard, leurs croyances.

Dans chaque canton se trouve un lieu sacré, objet de la vénération publique. « C'est là qu'ha« bitent, disent-ils, les âmes des parents. Elles « choisissent de préférence un arbre grand et touffu, « ou un *tumulus* fait par les *termites*. »

Avant d'entreprendre quelque affaire sérieuse, chacun doit se rendre en cérémonie à la demeure des ancêtres, et, par un sacrifice, les disposer favorablement. Si on négligeait ce culte, les ancêtres irrités ne manqueraient pas de faire descendre les plus affreux malheurs sur leur ingrate postérité.

Quand on doit ouvrir une mine, ces pratiques sont rigoureusement observées. « L'expérience leur « a démontré qu'ils ne sauraient prendre trop de « précautions pour satisfaire les âmes. »

Les éboulements fréquents qui engloutissent les travailleurs trouvent, selon eux, leur cause dans la vengeance des ancêtres, irrités de l'omission de quelque cérémonie propitiatoire.

Si un mineur a été surpris par un éboulement, la fosse est comblée. Le lieu appartient à la famille du décédé : personne n'a le droit d'y porter la main. Ce n'est qu'après sept ans que les parents peuvent déterrer le cadavre. On prétend qu'alors les pores des os se sont remplis de paillettes d'or.

Ils se contentent de laver la terre extraite de la mine; mais leurs procédés très-imparfaits leur font perdre en grande partie le produit d'un travail pénible. La poudre d'or ainsi recueillie est mise dans une corne de gazelle que chaque travailleur porte toujours suspendue à sa ceinture.

Il arrive quelquefois qu'en détachant un fragment de roche, mais cela est rare à cause de la mauvaise qualité de leurs instruments, les mineurs mettent à découvert un lingot d'une valeur plus ou moins considérable. Dans ce cas, l'inventeur, selon l'importance de sa trouvaille, abandonne la mine et se livre à la chasse ou à l'oisiveté pendant le reste de l'année.

Les *Bamboukains*, quoique bien plus sauvages que ceux du KASSÔ et du BONDOU, désirent cependant nouer des relations avec nous; ils comprennent que, partout où il s'établit, notre commerce améliore les conditions d'existence des habitants; aussi les gens de FARABANA nous sollicitent-ils de nous fixer, en le reconstruisant, dans le fort que nous possédions anciennement sur leur territoire.

Il ne sera pas sans intérêt de donner ici quelques notions sur FARABANA, visité dans ces dernières années par feu M. *Rey jeune,* alors commandant du fort de BAKEL.

A une bonne journée de marche de SENNOUDÉBOU et de MÉDINE se trouve, dépendant nominalement du BAMBOUK, un canton dont le chef-lieu est FARABANA. Pour arriver à ce village il faut, de quelque point qu'on soit parti, traverser une forêt très-épaisse, complétement inhabitée, mais peuplée d'éléphants, d'animaux féroces et de gibier de toute espèce.

Le marigot de SANNOUKROLÉ, qui commence en face de NAË, village sur la FALEMÉ, conduit à FARABANA; mais cette route est plus longue et tout aussi difficile que la voie de terre.

Ce cours d'eau pourrait cependant devenir une voie commode, si son lit était débarrassé des troncs d'arbres et des amas d'herbes qui l'obstruent. Les gens de FARABANA avaient promis de le faire, et déjà, animés du désir très-vif et très-sincère de nous ouvrir un accès facile dans leur pays, ils avaient entrepris ce travail, lorsque les *Zénagas*, race de Maures dont nous parlerons, qui rôdent sans cesse sur ces terres et y exercent les plus odieux brigandages, les surprirent et les massacrèrent. Il nous a été impossible, jusqu'à ce jour, de tirer vengeance de cette scélératesse.

Il existe à FARABANA les restes d'un fort français. On trouve dans ses ruines un canon et une grande chaudière en fonte.

Le territoire de FARABANA jouit d'un privilége singulier : maintenu intact par la bravoure des habitants, FARABANA sert d'asile aux captifs des contrées voisines. Quand un esclave fugitif est parvenu à mettre le pied sur cette terre, il devient libre ; jamais il n'est rendu à ses maîtres : les démarches les plus vives, les menaces ont été jusqu'à ce jour impuissantes à modifier, à cet égard, les dispositions des habitants. Le BONDOU, le reste du BAMBOUK, le KAARTA, le GUIDIAGA, le KASSÔ, singulièrement gênés par ce foyer de liberté, qui attire hors de leurs mains les hommes les plus déterminés parmi leurs esclaves, ont cherché plusieurs fois à le détruire; mais leurs efforts ont toujours échoué.

Al aguy Oumar, seul, a pu y pénétrer dans ces derniers temps; seul il est parvenu, par ses prédications et par la ruse, à dompter ces natures vigoureuses. Il a fait de FARABANA le centre de ses opérations dans le haut pays. Nous avons vu qu'il avait réuni sur ce point les *Sissibés* du BONDOU. Quand *al aguy* aura passé, qu'il aura disparu dans ce tourbillon de peuples qu'il soulève par sa parole, d'intérêts qu'il froisse par son ambition, il sera temps pour nous de porter les yeux sur FARABANA, et de jeter, au moyen de l'ancien fort, un jalon de plus, point de départ, mais non le seul, de la route qui nous ouvrira l'Afrique centrale.

CHAPITRE XXIX.

Du Kaarta et du Ségou.

Le Kaarta est un grand pays situé sur la rive droite du Sénégal; il est très-peuplé. La race *bambara* qui l'habite parle une langue sans analogie avec celle des peuples voisins. Cette race se distingue, entre les noirs, par une pratique singulière. Les enfants, en naissant, sont marqués de trois ou quatre lignes disposées parallèlement, faites avec un instrument tranchant, et qui encadrent la figure depuis les parties latérales du front jusqu'au menton; ces cicatrices sont indélébiles. Les personnes libres en ont invariablement trois; les captifs, quatre. Ainsi tout *Bambara* porte sur son visage un certificat d'origine.

Ils ne suivent, à vrai dire, aucune religion. Livrés à de grossières superstitions, ils cherchent, au moyen de certains sortiléges, à pénétrer dans le secret de l'avenir. Ainsi, aucune affaire n'est commencée sans que des ablutions, au moyen d'une eau dans laquelle ont été macérées certaines plantes, n'aient été opérées en un bois sacré situé à proximité de chaque village. Si l'entreprise a de l'importance, comme un départ pour la guerre ou un combat à livrer, ils immolent un coq de petite taille et d'une race particulière, consacrée à cet usage. Pendant que l'animal palpite encore, le sacrificateur le jette en l'air, aussi verticalement que possible, et chacun examine avec anxiété l'attitude de la victime après sa chute. Si elle repose sur le ventre, c'est un présage funeste : tout est suspendu; mais si elle est couchée sur le dos, le succès est certain.

Quand le roi doit se déplacer, la cérémonie divinatoire est bien plus bizarre encore. On prend une jeune fille, et on l'assoit sur un âne, les yeux bandés, la figure tournée vers la queue. L'âne, introduit dans un sentier qui conduit à un but déterminé, est livré à lui-même. S'il arrive sans chute de la part de la jeune fille, l'augure est favorable; si elle a perdu l'équilibre, ou si l'âne, obéissant à ce naturel qui distingue partout ceux de son espèce, refuse d'aller jusqu'au point convenu, le roi remet son entreprise à un temps où l'âne lui aura accordé des présages moins menaçants.

Le pays est gouverné par un roi dont les volontés font loi, et par un chef de captifs, captif lui-même, revêtu d'une autorité qui balance celle du souverain. Un de ces chefs a fait jadis une révolution qui a privé le KAARTA d'une partie de sa population et donné naissance au SÉGOU. Nous en dirons un mot.

Le chef des captifs commande l'armée, perçoit les impôts ainsi que les amendes, et paye les dépenses générales de l'État. A cet effet il a la garde et la disposition du trésor public.

La souveraineté appartient au plus âgé des *Massassis*; c'est le nom des membres de la famille royale. Ces *Massassis* sont persuadés qu'ils descendent d'un *Massa*, compagnon de Mahomet; mauvais disciple du prophète, si on mesure sa ferveur à celle de ses prétendus descendants.

Le roi, qui habitait autrefois ÉLIMANN, à quatre jours de marche de MÉDINE, réside aujourd'hui à NIORO, situé à une distance double du même point.

Le pays entretient une armée régulière toujours prête à entrer en campagne; elle est exclusivement composée de captifs appartenant soit à la couronne, soit aux princes *Massassis*.

Le roi, les princes et les captifs importants combattent à cheval. Le trésor, dont nous avons parlé, considéré comme la propriété du pays, sert à nourrir l'armée et à subvenir aux besoins du peuple, en cas de famine ou de désastre public.

Quand une expédition a été suivie de quelque pillage, le roi ou le chef de l'armée s'assoit dans un lieu découvert, et étend à ses pieds un pagne sur lequel chaque combattant est tenu de venir en personne déposer l'or qu'il a pu rencontrer. Ces valeurs sont versées au trésor. La moindre fraude entraînerait la mort. On dépose aussi dans le trésor le produit des amendes. A l'époque où les *Massassis*, pressés par les gens du Ségou, furent obligés de se réfugier dans le Galam, les anciens du pays racontent que onze chameaux suffisaient à peine au transport des restes de l'or public que les fugitifs emportaient avec eux.

L'armée se compose de quatre divisions, commandées chacune par un premier, un second et un troisième chef. Chaque division se nomme *main* et compte mille hommes.

Les *Massassis* et les chefs de captifs se distinguent par un gros anneau d'or suspendu, en apparence, à l'oreille droite, mais qui est retenu en réalité au moyen d'une lanière nouée autour de la tête. Cet anneau est si lourd qu'on dit dans le haut pays :

« Celui qui a tué un *Massassi* ou un chef de captifs « *bambaras* est riche pour toute sa vie. »

Les soldats d'un rang inférieur, qui combattent à pied, se nomment *ton;* on les pousse les premiers à l'attaque, et, quand ils plient, les chefs les ramènent à l'ennemi à grands coups de lance.

Les *Bambaras* sont d'ailleurs très-braves; leur attaque est impétueuse. Ils ont une réputation d'intrépidité qui les fait rechercher, comme auxiliaires, par les chefs des pays voisins; leur assistance est même tarifée en quelque sorte. Le service d'une *main* se paye ordinairement quarante chevaux. C'est le prix que compta *Sambayacine* lorsqu'il appela et conduisit les *Bambaras* contre les Bakiris du Tuabo.

La justice est rendue par le roi en personne dans les affaires graves; dans celles de moindre importance, par les chefs de village que nomme le roi. Le châtiment consiste, la plupart du temps, en une amende (*dgiourousara*).

Les délits sont très-rares au Kaarta; les *Bambaras* ont une police qui se fait exactement, et leur respect pour le roi et les princes est si grand que l'autorité répressive des chefs n'a pas besoin d'intervenir fréquemment.

Ils peuvent prendre un nombre illimité de femmes. Aucune cérémonie ne précède le mariage : la femme y est captive toute sa vie, à ce point qu'au décès du chef de la famille, les enfants, à qui appartiennent tous ses biens, comprennent, dans le partage, les femmes de leur père.

Cet abaissement de la femme, qui ne se rencontre aussi complet que chez les Bambaras, fait que les princes *Massassis* n'épousent jamais une fille de leur race; ils cherchent à les marier toutes hors du pays, parce qu'une *Massassi*, disent-ils, ne doit jamais tomber en esclavage.

L'aîné des fils n'a qu'un privilége, celui de rester en possession de la maison paternelle; il est tenu d'y demeurer; ses frères et sœurs, tant qu'ils ne sont pas mariés, peuvent y résider.

Ils ont presque tous des maisons en terre.

Les captifs y sont très-nombreux et très-puissants, à cause de ce chef dont nous avons parlé plus haut. Ils cultivent la terre, et en retirent les mêmes denrées qu'au Bondou.

Le Kaarta envoie tous les ans à Bakel une caravane qui apporte de l'or, du morphil et des pagnes. Il sort du Kaarta de nombreux captifs, vendus aux gens du Galam, du Bondou et du Fouta. C'est du Kaarta et du Bambouk que nous vient le beurre végétal tiré du fruit de l'arbre *karité*.

Ce fruit, gros comme une petite pomme, est de couleur jaune lorsqu'il est parvenu à maturité. La pulpe a un goût fade; le noyau contient le beurre;

il en est extrait par une ébullition prolongée. Ce produit sert, dans le haut pays, à la cuisson des aliments; on l'emploie au Sénégal, et même en Europe, pour combattre, au moyen de frictions, les douleurs rhumatismales.

La caravane annuelle échange ses produits contre de la guinée, du coton filé, des verroteries, des armes, du sel, des tissus imprimés et beaucoup de soufre, qu'ils emploient à la fabrication de la poudre à feu. Ils aiment nos cotonnades; les gens peu aisés s'habillent avec cette étoffe, dont l'usage tend à se répandre. Sans nul doute, si nous nous mettions à proximité de ses produits, le Kaarta nous fournirait, en quantités très-considérables, l'or et surtout des pistaches. On comprend que des relations qui ne s'entretiennent qu'au moyen de caravanes ne peuvent porter que sur des matières d'une grande valeur; il en serait autrement, sans nul doute, si nous allions à la rencontre de la matière échangeable.

Le Kaarta a été, depuis huit ans, et jusqu'à ces derniers mois, décimé par une guerre civile dont nous allons faire connaître l'origine et la cause.

Nous avons dit que le Diara, habité par les *Diawaras*, branche de la race *Saracolet*, était autrefois indépendant, couvert de cultures et riche de l'industrie de ses habitants; mais, à la suite de discordes intestines, un des partis appela à son aide les *Bambaras*, au moyen desquels il écrasa ses adversaires, qui furent chassés du pays. Les proscrits se dispersèrent dans le KASSÔ, le BONDOU, et même le FOUTA.

Lorsque le parti vainqueur voulut remercier ses alliés, ces dangereux amis, trouvant le pays à leur gré, y restèrent, et mirent sous le joug ceux qu'ils étaient venus secourir. C'est un peu l'histoire de tous les peuples assez imprudents pour recourir aux forces de l'étranger.

Les *Bambaras*, sans les priver de leur liberté, les opprimèrent au point de les réduire au plus complet abaissement. Mais, dans ces derniers temps, les *Diawaras* exaspérés, relevant la tête, se révoltèrent, et firent à leurs oppresseurs une guerre acharnée qui durait encore au moment où *al aguy Oumar* se présenta dans le KAARTA, menaçant de tout détruire, et imposant, le poignard d'une main, la torche de l'autre, la loi de *Mahomet*.

Les *Bambaras* comprirent bien vite qu'il fallait, pour résister à cet envahisseur, mettre fin à la guerre qui divisait los forces de leur pays. Ils proposèrent, en conséquence, aux *Diawaras* d'oublier leurs querelles intestines, et leur promirent qu'une fois l'*al aguy* détruit ils les traiteraient comme des frères.

Tel est l'état des choses au Kaarta aujourd'hui (avril 1855).

Nous avons vu que le chef des captifs avait au KAARTA une puissance dont le roi devait tenir grand compte. Cependant, dans un temps non très-éloigné du nôtre, le roi s'oublia un jour jusqu'à maltraiter ce personnage. Profondément irrité, mais dissimulant sa colère, celui-ci prépara une éclatante vengeance. Bientôt une conspiration, dans laquelle entrèrent presque tous les captifs du pays, amena une révolte générale, et ces hommes, suivis de leurs femmes et de leurs enfants, se mirent en marche pour gagner un lieu de liberté.

Les *Massassis* ne manquèrent pas de les poursuivre; mais les révoltés, déterminés à secouer le joug de la servitude ou à périr, se retirèrent sur une montagne appelée KOULOU BODALA, accessible seulement d'un côté par un étroit passage, où l'attaque était aussi périlleuse que la défense facile Ils s'y défendirent avec tant d'énergie que leurs agresseurs furent contraints d'abandonner la partie. Les esclaves s'étendirent alors vers l'est, et parvinrent à conquérir un vaste territoire auquel ils donnèrent le nom de SÉGOU. Ce mot, dans leur langue, signifie *l'autre monde, un monde nouveau*. Ils sont devenus très-puissants, et ont souvent réagi sur le KAARTA, qu'ils tiennent dans une sorte de vassalité.

Quoique l'esclavage, cette loi fatale qui pèse sur la race africaine comme une malédiction divine, ait pris racine au Ségou, il y est cependant absolument interdit de prononcer le mot *dgiom* (esclave); le maître, en parlant aux captifs, les appelle *mes parents*, *mes amis*, et, pour que le roi n'oublie jamais qu'il ne doit se permettre aucun acte arbitraire, qu'un fait de cette nature a été la cause de leur affranchissement, il est tenu de porter, attachée au-dessus des genoux, une légère chaîne d'argent que cachent les larges braies en usage dans le pays.

Les noirs colporteurs qui se rendent souvent de Bakel au Ségou racontent qu'il règne, dans ce dernier pays, une police fort exacte, dont la mission spéciale est la protection des voyageurs. L'étranger victime de quelque avanie est certain de se faire rendre bonne justice; car les chefs, toujours favorablement disposés, disent qu'un étranger venu pour commercer est un homme de paix, ayant droit à des égards.

Les marchés sont sous la surveillance d'un agent spécial. Un fonctionnaire, nommé par le roi, y est chargé de peser l'or et d'en déterminer le prix. Celui qui serait convaincu d'avoir altéré cette matière encourrait infailliblement la peine de mort.

Les habitants du Ségou sont très-industrieux; ils tissent des étoffes de laine et de coton, travaillent le fer et l'or, fabriquent de la poudre à feu, et construisent des embarcations qu'on dit fort grandes. C'est au moyen de ces barques qu'ils naviguent sur le NIGER ou DGIOLIBA, dont leur pays est traversé.

Des caravanes très-nombreuses, et faisant leurs voyages à des époques régulières, leur apportent des tissus de soie, de laine et de coton, du tabac, des armes, des verroteries et du soufre. Ils aiment les belles étoffes. Les grands *boubous* brodés de laine et de soie, que les noirs du Sénégal rapportent de BAKEL, et dont quelques-uns coûtent jusqu'à deux cents francs, viennent du SÉGOU.

Une circonstance qui indique le degré de développement auquel ce peuple semble arrivé, c'est que le commerce ne s'y fait pas par voie d'échange. Tout marchand, avant de commencer ses opérations, est obligé de vendre sa marchandise à un courtier, qui la paye avec des *kauris* (petit coquillage); cette monnaie, la seule reconnue dans le pays, sert ensuite à l'étranger pour acheter les valeurs de retour.

Le Sénégal et nos établissements de Saint-Louis et de BAKEL ne sont pas inconnus au SÉGOU.

M. RAFFENEL, officier distingué de l'administration de la marine, avait entrepris, en 1846, un voyage dans l'Afrique centrale; il voulut, pour se rendre au SÉGOU, traverser le KAARTA ; mais son entreprise fut entravée dès le début. Les gens du KAARTA redoutent en effet que des relations régulières ne s'établissent entre nous et le SÉGOU; ils pensent que, si le roi de ce pays rencontrait des avantages dans un commerce suivi avec les Français, il pèserait sur leur pays plus encore qu'il ne le fait. Mais le roi de SÉGOU, averti, par un courrier que lui expédia, en 1848, M. PAUL HOLLE, commandant de BAKEL, des traitements subis par M. Raffenel, écrivit au roi du KAARTA pour le réprimander vivement, et, remettant l'envoyé français à un homme de confiance, fit demander que ce dernier fût conduit à Saint-Louis auprès du gouverneur, alors M. BAUDIN. Il engageait le gouverneur à le faire prévenir quand il voudrait députer vers lui, qu'il enverrait chercher le messager, assuré ainsi d'une protection efficace.

L'homme amené à Saint-Louis reçut de M. Baudin un accueil distingué; on le renvôya satisfait avec une lettre et un présent considérable; mais l'idée de se mettre en rapport avec le SÉGOU avorta bientôt, comme tant d'autres, et, M. Baudin parti, personne ne songea plus à cette affaire.

Une cataracte marque la limite entre le SÉGOU et TOMBOUCTOU. Pour se rendre du SÉGOU à TOMBOUCTOU, on remonte le DGIOLIBA jusqu'à ce qu'on ait atteint ce barrage; là les marchandises sont débarquées, et transportées, à dos d'hommes ou d'animaux, au delà de la cataracte; une nouvelle embarcation les reçoit, et les amène en un lieu peu distant de TOMBOUCTOU.

N'est-il pas permis d'entrevoir le jour où des relations solidement cimentées avec le roi du SÉGOU nous permettront d'atteindre ce pays, déjà ouvert aux Anglais de SIERRA LÉONE?...

L'influence de ce roi s'étend fort loin; elle maîtriserait facilement le mauvais vouloir du KAARTA. De GOUÏNA, la route, déjà bien abrégée, ouvrirait à notre commerce une voie que nous a indiquée le roi lui-même lorsqu'il envoya au gouverneur un homme porteur de paroles de paix, espérance de l'avenir.

La première partie de notre tâche est achevée; il nous reste, avant de passer sur la rive droite, à dire un mot sur *al aguy Oumar*.

Nous avons nommé plusieurs fois déjà ce propagateur nouveau de l'idolâtrie musulmane; avant d'abandonner la race noire, il ne sera pas hors de propos de dire l'origine, les voyages, les tentatives et les succès d'un homme, fort remarquable d'ailleurs, qui paraît doué de hautes facultés intellectuelles et mis en mouvement par une vaste ambition.

CHAPITRE XXX

De al aguy Oumar.

Oumar, *torodo* de race *séélobé*, est connu en Sénégambie sous le nom d'*al aguy*. Ce mot vient, par corruption, de l'expression arabe *el hâdge* (pèlerin).

Il naquit, vers la fin du siècle dernier, dans le Fouta Toro, au village d'Alwar, près de Podor. Son père était chef d'Alwar, et sa famille y conserve encore l'autorité.

Il se distingua dès sa jeunesse par une dévotion exaltée ; avant d'entreprendre le voyage qu'il a fait à la Mecque, il avait déjà des élèves qui lui attribuaient le pouvoir des miracles ; quelques marabouts de Saint-Louis tiennent à grand honneur d'avoir été ses disciples.

C'est un homme d'une figure remarquable, sur laquelle se peignent une vive intelligence, un sentiment de méditation et de calcul, reflets de sa profonde ambition.

Vers 1825 il pensait déjà à se rendre à la MECQUE.

A cette époque il vint à Saint-Louis, annonçant son projet, et sollicitant des habitants les moyens de le mettre à exécution.

Les musulmans du Sénégal, loin de se montrer indifférents à ses vues, lui firent des présents considérables.

A son retour il proclamait que son voyage avait réussi, grâce à la générosité des habitants de Saint-Louis.

En 1826 il partit, et gagna la MECQUE en traversant l'Afrique centrale. Son séjour dans la ville sainte fut long; mais on en ignore les particularités, et les incidents qui ont dû marquer son voyage ne sont pas connus..

On sait qu'en 1842 il se trouvait, alors de retour, dans le SÉGOU, prêchant l'islamisme de village en village, et distribuant à ceux qui pouvaient largement le payer des *grigris* très-recherchés. Il conduisait une sorte de caravane chargée de livres dont le prix, joint à celui de ses amulettes, lui procura des sommes considérables. Sa réputation d'homme saint s'augmentait naturellement en raison de ses succès, et personne ne lui contestait le don des miracles.

Il acquit ainsi, par une habileté soutenue, de l'or,

des pagnes, des *boubous*, et une multitude de captifs auxquels il imposait de suite, sous peine de mort, les pratiques de l'islamisme.

On pensait, dans le haut pays, qu'il allait se rendre au FOUTA TORO pour y briguer la dignité d'*al mami;* mais il dérouta tous les calculs en se dirigeant vers le FOUTA DGIALON, où il s'établit.

Les chefs de ce grand pays, pressentant ses desseins, voulurent s'opposer à son séjour parmi eux... Sans le repousser ouvertement, ils lui suscitaient des difficultés.

Il ne tint aucun compte de leurs dispositions, et se bâtit un village dans un lieu appelé DIMBERA ou DOMBOURA, d'un accès facile, et inhabité jusqu'alors. Un fort *tata* protégeait ce village et les richesses qu'il y avait déposées.

Bientôt il commença à prêcher sa doctrine, qui paraît être un retour à l'observation rigoureuse des préceptes de l'*islamisme*.

Les marabouts du FOUTA DGIALON ne manquaient pas d'entreprendre auprès de lui une sorte de pèlerinage; car c'était un saint qui avait vu la MECQUE...

Il excitait leur esprit, échauffait leur ardeur, disant que le gouvernement du monde appartenait aux plus convaincus; qu'il était temps de convertir les infidèles et de secouer le joug de ces familles féodales dont la lourde autorité s'appesantit sur toute la Sénégambie.

En Afrique, personne n'oserait se présenter devant un chef important, surtout si ce chef est *marabout*, sans lui offrir un cadeau. *Al aguy*, qui ne refusait rien, convertissait tout en armes et en munitions de guerre.

Vers cette époque, son frère et les autres parents qu'il avait laissés à ALWAR allèrent le visiter à DIMBERA.

Malgré leurs pressantes sollicitations de venir au Fouta, il refusa en disant : Dans notre pays, on croit avoir accompli tout le devoir religieux quand on a fait le *salam ;* mais bientôt je me mettrai en route pour convertir le monde, et le FOUTA verra un vrai musulman.

Cependant, au commencement de l'année 1847, voulant sans doute étudier et préparer le terrain, *al aguy* se transporta à ALWAR.

Après avoir visité tous les chefs du pays, il parut à l'escale du *Coq*, où les traitants le comblèrent de présents et obtinrent qu'un bateau à vapeur le ramenât à son village.

Là *Oumar* reprochait leur tiédeur aux hommes du FOUTA. « Vous êtes, leur disait-il, comme des in-« fidèles, buvant et mangeant l'injustice, et vos chefs « violent la loi de *Dieu* en opprimant les faibles. »

Ces paroles le rendaient cher aux opprimés; mais les principaux des *Torodos* s'en irritaient à ce point que le fils de *Boubacar Aly Doundé*, un des princes des *Bossyabés*, voulut le faire assassiner pendant qu'il retournait au Dgialon.

Mais *al aguy* averti évita cette embûche et envoya dire aux chefs : « Vous avez refusé de me sui-« vre pour travailler avec moi à la conversion des « infidèles; mais, dans un temps qui n'est pas « éloigné, vous accourrez tous sans que je vous « appelle. » Ce qui a eu lieu, comme nous le verrons.

Il se trouvait, au mois d'août de l'année 1847, à Bakel, au moment où MM. de *Gramont*, gouverneur, et *Caille*, directeur des affaires extérieures, y vinrent en tournée.

Al aguy eut avec eux, en présence de M. *Paul Holle*, une entrevue dans laquelle il fit au gouverneur les plus belles promesses. « Je suis l'ami des « blancs, disait-il; je veux la paix; je déteste l'in-« jure. *Quand un chrétien a payé la coutume*, il doit « pouvoir commercer avec sécurité. Lorsque je serai « *al mami* du Fouta, vous devriez me construire « un fort; je disciplinerais le pays, et des relations « complétement amicales s'établiraient entre vous « et moi; etc., etc. »

On voyait déjà clairement, à cette époque, que,

sous le masque du prosélytisme religieux, il voulait se créer un grand empire en Sénégambie.

On lui fit quelques promesses vagues... *Al aguy*, traversant le BONDOU, gagna le DGIALON, où il redoubla d'activité dans ses préparatifs.

Lorsqu'il eut arrêté ses plans, qu'il crut que le moment d'agir était arrivé, il débuta par un coup qui le porta au centre même des pays sur lesquels il avait jeté ses vues.

Dans un lieu escarpé, point d'intersection en quelque sorte entre le DGIALON, le BAMBOUK et le BONDOU, se trouvait le village de TAMBA, forteresse naturelle d'où on peut s'élancer sur les trois pays. Il était habité par une population nombreuse, indépendante, s'administrant elle-même, dictant souvent des lois, dans un rayon étendu, à des voisins qui redoutaient son intrépidité.

Al aguy députa vers les hommes de TAMBA, leur enjoignant de se convertir au mahométisme, de se faire *marabouts*, suivant l'expression usitée en Sénégambie; mais ceux-ci renvoyèrent avec mépris l'ambassadeur du prophète.

Al aguy résolut alors d'obtenir par la force un point nécessaire à ses projets. Il entraîna ses partisans à l'attaque de Tamba. C'était en l'année 1852.

Malgré une défense désespérée, la bande du prophète, fanatisée, escalada le *tata* et se rendit maîtresse du village, dont les habitants furent en grande partie massacrés. Le reste dut subir la loi du vainqueur et embrasser l'islamisme.

Maître de TAMBA, *al aguy* s'y établit. Le prétexte dont il avait coloré son entreprise donnait un grand poids à ses paroles quand il disait « qu'on avait « eu tort de le croire animé d'une ambition politi- « que; que ses efforts avaient pour unique mobile « la gloire de *Dieu* et la conversion des infidèles. »

A la suite de ce fait d'armes, si désintéressé d'après ses dires, sa réputation s'étendit, et les chefs du DGIALON, du FOUTA et du BONDOU accouraient en foule recevoir ses enseignements et lui offrir leur concours.

Al aguy, dès ce moment, adopta un système dont il ne s'est plus écarté : il ne refuse aucun dévouement, mais il s'en assure le maintien en retenant les chefs qui viennent à lui.

Il augmente ainsi ses forces, et groupe autour de sa personne des influences qui, libres ou non, rayonnent sur les peuples qu'il veut subjuguer.

En 1853, il quitta TAMBA et pénétra dans le BAMBOUK.

Ce pays, livré, ainsi que nous l'avons dit, aux superstitions les plus grossières, sauvage, et jusqu'à ce jour indompté, plein de mines d'or, offrait un vaste champ au prosélytisme et à l'avidité d'*al aguy*.

Il le parcourut, de village en village, mettant à profit les divisions intestines pour écraser chaque canton et y asseoir son éphémère domination.

Pendant que ses armes triomphaient dans des luttes faciles, que sa réputation grandissante exaltait l'imagination mobile et pleine d'exagération des noirs, il ne négligeait, pour l'étendre encore, ni la prédication, ni les moyens politiques.

Le GUIDIAGA, le KASSÔ, le BONDOU, les *Guidimakras* voyaient ses émissaires appelant à la guerre sainte les vrais croyants, les fidèles musulmans. Le nom d'*al aguy*, à l'égal de celui du prophète, circulait de bouche en bouche, et remuait les esprits au point d'entraîner vers lui même des marabouts du CAYOR.

De MÉDINE à SAINT-LOUIS, les noirs, dans ces conversations du soir, devant la case, qu'ils aiment tant, s'entretenaient avec un sentiment d'orgueil et d'espérance des promesses d'*al aguy*.

« Un noir allait dominer en Sénégambie. Dieu lui « avait donné la sagesse et la force pour faire de lui « le vengeur de leur race. Quand sa doctrine aura « triomphé, ses frères échapperont à la tyrannie des « chefs, à l'oppression des Maures. Il fallait donc « accourir vers cet homme de Dieu, le seconder et « l'aider à accomplir sa mission. »

Pendant que ce grand mouvement d'opinion s'accomplissait, sans que l'attention de l'autorité locale eût été un moment éveillée, *al aguy* s'avançait à travers le BAMBOUK et se rapprochait du fleuve. S'il ne parvenait pas toujours à convaincre ceux qu'il foulait, au moins les dominait-il assez pour les comprimer et se donner les apparences d'un succès complet.

Marchant ainsi à pas lents, mais sûrs, il arriva, en 1854, auprès de FARABANA, cet asile de captifs, inexpugnable jusqu'à ce jour, ainsi que nous l'avons dit.

Sa réputation l'y avait précédé; le prestige seul de son nom lui avait créé en ce lieu un parti puissant.

Al aguy fit dire aux chefs, qui obéirent, de se rendre auprès de lui.

A leur arrivée, *al aguy* leur parla de la guerre sainte, échauffa leur zèle, fomenta leur ambition. Selon sa tactique habituelle, il les retint, et envoya un marabout administrer le pays pendant leur absence.

Quand ce marabout eut acquis un degré suffisant d'influence, *al aguy* commanda de détruire le *tata* devant lequel avaient échoué les forces du BAMBOUK, du BONDOU et du KASSÔ.....

Sur cet ordre, les gens de FARABANA se divisèrent : les uns, fanatisés, voulaient obéir au prophète sans discussion ni délai; d'autres, moins entraînés, et soupçonnant en lui des vues terrestres, refusaient d'obtempérer à un ordre qui les mettait à sa merci.

Cependant le parti d'*al aguy* l'emporta, et ses adversaires, redoutant sa vengeance, quittèrent FARABANA, et se répandirent dans le KASSÔ, le GALAM, et chez les *Guidimakras*.

Les autres détruisirent le *tata*.

Le but d'*al aguy* était atteint : il avait acquis, sans coup férir, une place d'armes qui, tout en le plaçant au milieu d'un pays et de partis nouveaux, le mettait à proximité de nos établissements... Il se rendit à FARABANA, dont il fit reconstruire le *tata* sur un plan nouveau.

C'est là que, commençant à se poser en arbitre souverain de la Sénégambie, il convoqua solennellement les chefs des divers pays.

Ils accoururent tous : les *Sissibés* de BOULÉBANÉ et de KOUSSANG, dont nous avons parlé en traitant du BONDOU, les chefs de GOYE et du KAMÉRA, ceux du KASSÔ et des *Guidimakras*.

De pauvres familles entières abandonnaient leurs villages; des troupes de marabouts entreprenaient de longs voyages pour contempler le prophète : c'était un entraînement, un enthousiasme inouïs...

En ce temps, nous étions en difficultés graves avec le FOUTA. *Amadou-Hamat*, un des chefs du pays, tua sans provocation, par pur caprice, *N'diakmalivoire*, traitant de Saint-Louis ; M. Protet, alors gouverneur, demandait justice de ce lâche assassinat. Les princes voulaient nous satisfaire, mais *al mami Hamadou*, beau-frère du meurtrier, mettait tout en œuvre pour le soustraire au châtiment qu'il avait si bien mérité.

Al mami Hamadou, les princes, et, entre autres, *Alfa Aly Sidy*, *Élimann Bolo*, *Elimann Donaye*, et le fils de *Boubacar Aly Doundé*, celui-là même qui avait voulu faire tuer *al aguy* en 1847, prirent le prétexte de faire ce dernier juge de leur différend pour se rendre auprès de lui. Seul, *Élimann Rindiaw*, chef des *Bossyabés*, l'homme vraiment influent du Fouta, refusa de les suivre.

Arrivés à Farabana, ils exposèrent à *al aguy* qu'*Hamadou-Hamat* avait méchamment mis à mort un homme du Sénégal ; que, leurs enfants étant en otage à Saint-Louis, les blancs auraient eu le droit de les tuer, puisqu'*al mami* refusait de livrer le meurtrier... « Jugez entre *al mami* et nous, dirent-ils. Ne devons-nous pas donner satisfaction aux blancs? »

Al aguy leur répondit : « Je vous avais prédit que bientôt vous viendriez à moi. Votre affaire m'est connue ; mais je ne puis la décider en ce moment : il sera temps de le faire quand je me rendrai au Fouta. Il est bien plus urgent de travailler à la conversion des infidèles... Vous allez donc me suivre dans la guerre que j'entreprends contre le KAARTA. A mon retour le FOUTA me verra et connaîtra ma volonté. *Hamadou*, que vous appelez *al mami*, se rendra dans votre pays. Il n'est plus *al mami*, mais bien mon *alpha* (lieutenant). Qu'il administre le FOUTA jusqu'à la fin de la guerre; il aura pour auxiliaire *Élimann Bolo*, chargé, en qualité d'*alkati*, de recevoir la coutume payée par les blancs. *Hamadou*, maintenant mon *alpha*, pendant mon absence, vous vous abstiendrez de viande et vous ne sortirez pas de votre case......................... »

Tout le monde obéit; mais *Élimann Rindiaw*, sans lequel rien de sérieux ne se fait au FOUTA, apprenant ce qui s'était passé à FARABANA, a chassé *al mami Hamadou* et l'a remplacé par *al mami Racine*.

Ces choses s'accomplissaient vers le mois d'octobre de l'année dernière. A cette époque, M. le gouverneur Protet se rendit à BAKEL; *al aguy* envoya pour le saluer un ancien maçon de Saint-Louis, nommé *John Bambara*, devenu son ardent prosélyte.

Ce messager demanda au gouverneur de la poudre, des fusils, et même des canons; demande qui fut repoussée, comme on le pense bien.

Al aguy s'était vanté, jusqu'à ce moment, de la protection et de l'assentiment des blancs. Comprenant que l'insuccès de sa démarche pouvait le compromettre aux yeux de ses partisans et donner à ses ennemis des idées de résistance, il résolut de détourner, par quelque action d'éclat, l'attention de chacun. Redoublant d'audace, il fit réclamer ceux qui, préférant l'exil à sa domination, avaient abandonné FARABANA. Le KASSÔ obéit; mais le fils de *Sambayacine, Barka, tounka* de MAKRANA, déclara que ces hommes étaient ses captifs ou les descendants des captifs de sa famille, qu'en les reprenant il avait usé d'un droit légitime, que lui, un *Bakiri*, ne se soumettrait jamais aux volontés arbitraires d'un aventurier.

A cette réponse *al aguy* dirigea sur MAKRANA un corps commandé par deux hommes du FOUTA, *Élimann Donaye* et *Hamadou-Hamat*. Il donna sans doute à ses lieutenants des instructions secrètes; car, parvenus à proximité de la résidence de *Barka*, ils ne firent entendre que des paroles de paix.

Les *Bakiris*, complétement abusés, consentirent à entrer en *palabre*. Là on parut s'entendre, et un grand festin réunit les deux partis; mais, dans la nuit, les hommes d'*al aguy* massacrèrent tous ceux de MAKRANA; Barka et deux de ses frères furent égorgés. Cette troupe de bandits réduisit en esclavage les femmes et les enfants, et, après avoir pillé le village, le livra aux flammes. Elle reprit ensuite, chargée de butin, le chemin de FARABANA.

Al aguy se mit bientôt en marche, à travers le KASSÔ, pour convertir ou exterminer le KAARTA, disait-il...

En passant à MÉDINE, au commencement de cette année, il enleva les marchandises des comptoirs français. Quelques noirs de Saint-Louis commirent le crime de le suivre, après lui avoir livré les valeurs appartenant à leurs commettants. *Al aguy*, en ce moment, crut devoir se mettre en communication avec les traitants de BAKEL, et, rompant avec ses habitudes d'hypocrisie, démasqua ses vues dans la lettre incendiaire dont voici la copie :

« Au nom de Dieu, gloire à Dieu ; notre confiance « est en Dieu ; il n'y a de justice qu'en Dieu ; prière et « salut sur le prophète de Dieu, sur sa famille, sur « ses compagnons, et sur tous ceux d'entre nous « qui marchent dans sa voie.

« De notre part aux enfants de N'DAR (Sénégal), « salut.

« Nous n'avons pas trompé la confiance que vous « avez mise en nous ; nous n'avons fait que la forti- « fier et que l'augmenter, car nous ne vous avons « jamais pris même un *fels*, et jamais nous ne vous « prendrons rien ; ce que nous avons pris appartient « aux chrétiens. Quant aux enfants de N'DAR, nous

« leur avons rendu immédiatement tout ce qui leur « appartenait. Si vous me demandez pourquoi j'ai « pris le bien des chrétiens, c'est parce que les chré- « tiens ont eu plusieurs torts envers moi.

« D'abord ils ont déclaré qu'ils ne me vendraient « ni armes ni munitions; et ils l'ont fait, parce « qu'ils ignorent que je n'ai pas besoin d'eux. J'ai « dit à l'envoyé de votre tyran (le gouverneur pro- « bablement), lorsqu'il est venu me trouver à Siri- « mana, que, si la défense de vendre de la proudre « était faite à cause du Fouta, nous ne sommes pas « *aujourd'hui* des gens du Fouta, mais des gens « tout à fait étrangers aux gens du Fouta. Nous « faisons la guerre sainte aux ennemis de Dieu; il « ne faut pas nous confondre avec les gens du Fouta, « et agir avec nous comme on a agi envers eux; sans « cela, ce sera pour nous une raison de nous mettre « avec eux.

« En attendant le retour de cet envoyé, Dieu a « permis que le tyran se trouvât à Bakel avec *Ab-* « *dallah* (John Bambara); il a causé avec lui, et « *Abdallah* lui a dit : Ne savez-vous pas que le « *scheik* peut interdire complétement le commerce « à vos gens, vous fermer les chemins, rendre im- « possibles tout achat et toute vente, et par suite « vous ruiner? Votre tyran a répondu : Qu'il le « fasse! Je rends grâce à Dieu, a répondu *Abdal-*

« *lah*, d'entendre cela de votre bouche, et non de « celle d'un autre.

« Plus tard, nous avons demandé au comman- « dant de Bakel qu'il nous livrât des gens qui s'é- « taient sauvés chez lui : il a refusé. Nous lui avons « fait dire alors que, s'il ne nous les livrait pas, « nous nous vengerions. Cette parole est arrivée « jusqu'à lui, et il n'a pas fait ce que nous deman- « dions, en disant que ce serait une honte pour lui.

« Enfin, lorsque nous sommes arrivé à DAGUILA, « nous y avons trouvé un jeune homme de N'DAR, « qui nous a attaqué le premier.

« Maintenant je me venge par la force, et je ne « cesserai que lorsque la paix me sera demandée « par votre tyran, qui devra se soumettre à moi, « suivant ces paroles de notre maître : *Fais la guerre « aux gens qui ne croient ni à Dieu, ni au juge- « ment dernier; qui ne se conforment pas aux or- « dres de Dieu et de son prophète, au sujet des « choses défendues; qui, ayant reçu une révéla- « tion, ne suivent pas la vraie religion, jusqu'à ce « qu'ils payent la djézia par force et qu'ils soient « humiliés.*

« Quant à vous, enfants de N'DAR, Dieu vous « défend de vous réunir à eux ; il vous a déclaré « que celui qui se réunira à eux est un infidèle « comme eux, en disant : *Vous ne vivrez pêle-mêle*

« *ni avec les juifs, ni avec les chrétiens; celui qui le*
« *fera est lui-même un juif ou un chrétien.*

« Salut..... »

Al aguy est en ce moment dans le KAARTA; mais, pour résister à l'envahisseur, les Bambaras ont fait trêve aux dissensions dont nous avons parlé; ils ont appelé à leur aide leurs frères du SÉGOU. La famine et les maladies épidémiques déciment les bandes du prophète. Déjà les enthousiasmes se refroidissent, les populations perdent confiance; au moindre revers, les chefs que cet imposteur traîne à sa suite l'abandonneront, et il disparaîtra, comme tant d'autres fanatiques qui ont déjà cherché à révolutionner les pays musulmans de la Sénégambie.

Si cet homme, au contraire, accomplissait ses projets, il deviendrait pour nous un danger très-sérieux.

Al aguy, sans nul doute, entend créer à son profit un vaste empire dont les provinces seront gouvernées par des *alphas;* il veut surtout percevoir, en les augmentant, les divers tributs que nous payons aux chefs de la rive gauche. D'après lui, sa lettre le révèle, l'infidèle, s'il veut être toléré, doit acheter par de larges redevances la bienveillance du vrai croyant. Une fois le maître depuis le CAYOR jusqu'au KAARTA, d'un mot il nous fermerait le fleuve; c'est donc un ennemi à détruire. Sans doute la guerre avec les *Trarzas* est une œuvre importante, mais l'ambition d'*al aguy* est bien autrement redoutable pour l'avenir de cette colonie, si on apprécie ses conséquences possibles et qu'on les compare à celles que peuvent produire les prétentions de *Mohamet el Abid.*

CHAPITRE XXXI.

Des Maures et de leurs tributaires.

A l'ouest du KAARTA se trouve le BAKROUNA, habité par les Maures de la race *Oulad n'Barrik*, nation jadis puissante, dont les gens du KAARTA et du SÉGOU achetaient la protection au moyen d'un tribut annuel.

La division s'étant mise entre les diverses races du BAKROUNA, les *Oulad-Koïssis* et leurs partisans, refoulés peu à peu vers l'est, finirent par gagner les contrées que baigne le Sénégal, et s'y établirent.

La fusion des *Oulad-Koïssis* avec les *Zénagas* du pays DOWICH a rendu ces derniers assez puissants pour leur permettre de dominer les communications avec l'intérieur; aussi toute caravane qui paraît sur leur territoire doit-elle payer une redevance.

Ces races, que les guerres civiles ont profondément agitées, farouches, fières, n'ont qu'un désir, qu'un mobile, le pillage de tout ce qu'elles peuvent atteindre dans leurs courses vagabondes sur la rive gauche.

Nos escales de Makrana et de Médine sont sur la rive gauche; cependant il a fallu, pour que les gommes du haut pays pussent y arriver, payer, nous aussi, un tribut aux *Oulad-Koïssis*.

Mais nous reviendrons plus tard sur cet abus vraiment effrayant *de la coutume*.

En face du Guidiaga, dont nous avons parlé plus haut, est le pays habité par les *Guidimakras*, de race saracolaise; ils occupent, sur la rive droite, une lisière qui s'étend de Diarra n'Dapé, vis-à-vis de Kégnou, jusqu'à Diaguila, en face de Koun-guel.

Les *Guidimakras* vivent en état de confédération; chaque village s'administre par un chef, mais aucun ne reconnaît une autorité centrale et directrice. Le peuple est turbulent, et se distingue par une grande bravoure; il ne se livre au pillage qu'à la suite d'une guerre régulière.

S'il s'éloigne, en ce point, des habitudes des Maures, il est certain cependant que, soit par goût, soit par contrainte, il sert de recéleur à ces derniers. Cette pratique désastreuse est la cause des incessantes difficultés qui s'élèvent entre nous et les *Guidimakras*.

Ils observent le mahométisme avec une certaine ferveur : c'est toujours un marabout qu'ils choisissent pour chef de village et pour juge de leurs différends.

La culture de la terre est en grand honneur chez les *Guidimakras*. Le pays, très-fertile, donnerait abondamment des denrées semblables à celles du BONDOU, du KASSÔ, du KAMÉRA et du GOYE; mais, foulé par les *Zénagas*, dont nous parlerons bientôt, il reste stationnaire.

Les *Guidimakras* aiment passionnément la profession commerciale; les voyages les plus longs, les plus pénibles, ne les effrayent en rien, quand ils voient une chance de gain au retour.

Leur zèle et leur industrie, comme courtiers, pourraient être facilement et fructueusement utilisés.

Bien disposés pour les Français, ils n'hésiteraient pas à nous servir d'intermédiaires et de pionniers vers l'intérieur, où ils répandraient rapidement le goût de nos marchandises.

Riches de leurs bestiaux et de leurs cultures, ils habitent des villages dont les principaux sont DIAGUILA et SOLOU, sur une roche; MOULÉSIMON et DIOGOUTOURÉ, en plaine, tous entourés d'un fort *tata*.

Cette race, isolée au milieu de peuples hostiles,

n'a pu maintenir complétement son indépendance; quoiqu'elle ait souvent résisté avec succès aux attaques du Bondou et du Fouta, elle a été obligée d'acheter sa tranquillité en payant tribut aux *Bambaras*, aux *Oulad-Koïssis* et aux *Zénagas*.

Si on les soutenait contre ces derniers, qui les écrasent périodiquement, ils se hâteraient de nous seconder; car ils sont plus braves que ceux du Guidiaga, et bientôt leur pays donnerait à nos échanges un aliment nouveau et d'une abondance extrême.

CHAPITRE XXXII.

Des Zénagas.

Derrière les *Guidimakras* est le pays Dowich, habité par la race maure *Zénaga* ou *Zénéga.*

Cette race occupait toute la rive droite avant l'envahissement de la basse Sénégambie par les races *Braknas* et *Trarzas*, venues du nord-ouest à travers le désert du Sahara.

Ceux qui liront ce chapitre ne manqueront pas de nous accuser d'erreur; ils croiront que nous avons confondu les tributaires des *Dowichs* avec les *Dowichs* eux-mêmes. En effet, à Saint-Louis même, on prend le nom du pays, Dowich, pour celui de la race qui l'habite; ainsi on dit les *Dowichs* pour désigner les *Zénagas* du pays Dowich.

Nous ne dirons que peu de mots des *Zénagas*. Ils sont livrés à des guerres intestines éternellement ravivées par la trahison et l'assassinat. En haute Sénégambie comme dans les pays voisins de Saint-Louis, cette race arabe, qui pourtant a jeté un vif éclat sous d'autres latitudes, se livre à l'oppression des faibles, aux brigandages les plus révoltants. Les partis qu'elle lance sur la rive gauche inspirent à ces malheureuses populations noires une terreur profonde, dont l'effet immédiat est de rendre le travail incertain et d'arrêter l'essor de notre industrie.

Les *Zénagas* étaient autrefois tributaires des *Oulad m'Barrik*.

Lorsque la division s'introduisit parmi ceux-ci; que les *Oulad-Koïssis*, refoulés ainsi que nous l'avons dit, eurent envahi le pays Dowich, les *Zénagas,* voyant l'abaissement dans lequel étaient tombés leurs anciens maîtres, s'affranchirent de leur domination.

Le pays est aujourd'hui divisé en deux partis qui y entretiennent la guerre civile. Quoique affaiblis par ces divisions intestines, les Zénagas sont encore puissants, et leur influence agit même sur les Trarzas.

A l'époque où nous élevâmes dans le Goye le fort de Bakel, *Mohamet Ahmet Schey* était roi du Dowich.

Il avait un frère appelé *Mohamet*, et pour fils *Soueïdy Hamet*. Ce dernier servit de ministre à son père dans les arrangements qui précédèrent l'ouverture de notre escale; il toucha la coutume, d'abord au nom de son père, plus tard en son propre nom. Il se fit ainsi un revenu assuré, et, par suite, de nombreux partisans : l'un est la conséquence de l'autre, en Sénégambie comme ailleurs.

A la mort de *Mohamet Ahmet Schey*, l'autorité appartenait à son frère en vertu de la tradition : *Soueïdy Hamet* ne voulut pas le reconnaître, et agit, à la tête de ses partisans, comme maître du pays Dowich. La désunion commença par ce conflit d'ambition et régna jusqu'à la mort de *Mohamet.*

Celui-ci, en mourant, laissa quatre fils : *Souleyman*, *Abdoulaye*, *Ahmet Marmout* et *Abdourhama*.

De son côté, *Soueïdy Hamet* avait quatre enfants mâles : *Ahmet Soueïdy*, *Bakar*, *Moctor* et *Aly*.

Les enfants de Mohamet, irrités de ce que *Soueïdy*, à qui l'autorité appartenait alors, n'avait pas voulu se soumettre à leur père, refusèrent à leur tour de reconnaître ses droits.

Cette querelle amena définitivement la guerre civile; chaque parti cherchait à se détruire, en dressant des embûches au chef du parti contraire. C'est ainsi que *Souleyman*, fils aîné de *Mohamet*, fit un jour assassiner *Soueïdy*. *Ahmet Soueïdy*, héritier des droits de son père, ayant de plus à venger le sang de celui-ci, fit tuer *Souleyman*; *Abdoulaye*, second fils de *Mohamet*, ne voulant pas rester en arrière, fit massacrer *Ahmet Soueïdy*...

On comprend la confusion dans laquelle tombèrent ces tristes races au milieu de ce chaos de haines et d'exécutions sanglantes ; c'est depuis ce temps que deux partis puissants, les *Shératites*, partisans de la famille de *Mohamet*, et les *Abakac*, dévoués aux descendants de *Soueïdy*, se font une guerre acharnée.

Le Dowich pourrait nous fournir les moyens de remonter sur place notre cavalerie.

Les chevaux que ce pays élève, en assez grand nombre, sont de trois races distinctes.

La première, la plus estimée, célèbre par sa vitesse, se divise en trois familles, *Défeïnia*, *Mérass*, *Séguemm*. Elle se distingue par un corps allongé et la finesse des membres inférieurs ; elle a le sabot large, la croupe arrondie, bien développée, le poitrail ouvert, les oreilles fines, la tête carrée, le museau pointu, le col nerveux et gracieux, le pelage généralement blanc. Cette race est très-estimée des Maures ; elle ne peut vivre, acquérir ou conserver un développement complet, que dans les lieux parfaitement secs, bien aérés, à l'abri des influences marécageuses et des atteintes des mouches et des moustiques. Un mâle, après avoir vécu quarante jours auprès de sa mère, vaut, dans le pays même, de quatre à cinq cents francs; une femelle, douze cents.

La seconde race, appelée *Telliïa*, bien inférieure à l'autre aux yeux des indigènes, donnant des chevaux grands et vigoureux, s'acclimaterait indubitablement au Sénégal. Le prix d'un individu de cette race varie entre cent cinquante, deux cents et deux cent cinquante francs.

Enfin la troisième, dont le nom est *Cheurguya*, provient d'un croisement entre les individus de la première espèce et les juments de la rive gauche : elle vit très-bien partout, conserve encore des qualités de vitesse fort remarquables, et peut rendre de très-grands services; son prix varie entre deux cent cinquante et trois cents francs.

En prenant ses précautions un an à l'avance, il serait possible de se procurer deux ou trois cents chevaux de cette dernière catégorie.

CHAPITRE XXXIII.

Des Braknas.

A Kaeïdi, point où finit le Dowich, commence le pays des *Braknas*. La race *brakna* occupe la contrée jusqu'au marigot de Morghen, qui met le fleuve en communication avec le lac Cayar.

Les Braknas ont à leur tête un chef que nous appelons roi. Les chefs de tribus le choisissent, et leur choix, à peu près arbitraire quant à la personne, ne peut cependant se porter que sur un membre de la famille royale.

Celle-ci descend d'un prince qui, d'après la tradition, conduisit sa nation, à travers le désert, jusqu'aux rives du Sénégal, lorsque le mouvement des races la refoula, peu à peu, vers les contrées qu'elle occupe aujourd'hui. Sa mémoire est encore en grande vénération chez les *Braknas;* il s'appelait *Hakreureïge*. On le considère comme la souche des quatre tribus de princes entre les mains desquels résident aujourd'hui encore l'influence et l'autorité.

Ces quatre tribus sont : les *Oulad si hide*, descendance directe de *Hakreureïge*; ils forment la véritable famille royale : les rois sortent tous de son sein; les *Heuleïba*, les *Oulad Lorrmach*, et les *Oulad Hamet*, tribu puissante, dont la volonté est prépondérante dans l'élection du souverain.

Ces tribus peuvent mettre sur pied environ quatre cents hommes, qui tous combattent à cheval : c'est la force vive de la nation.

Les princes *braknas* n'ont pas de costume particulier.

Quand il s'agit de nommer le roi (scheik), ces tribus se réunissent, dans un lieu quelconque, sur la convocation des *Oulad si hide*.

Leur choix libre se porte sur un membre de la famille royale, ainsi que nous l'avons dit; c'est presque toujours le plus riche qui entraîne à son profit les suffrages. Le fils, on le voit, ne succède pas de droit à son père. Si celui-ci n'a pas, de longue main, disposé l'esprit des princes, si ce fils est trop jeune, si enfin son patrimoine ne donne pas à ses électeurs l'espoir de se voir largement récompensés, on l'exclut, et son compétiteur obtient le pouvoir, qu'il garde jusqu'à ce qu'une cabale vienne le lui enlever.

Les princes, quoique subordonnés en principe au roi, se considèrent comme ses égaux. Ils doivent être consultés sur les affaires importantes : le roi n'oserait ni entreprendre une guerre, ni faire la paix, sans avoir obtenu l'agrément des quatre tribus que nous avons nommées plus haut.

Le reste de la nation compte pour rien : l'autorité de cette grande famille féodale est si bien établie que le peuple obéit toujours à ses volontés.

Dans un rang inférieur, mais jouissant d'une considération qui la fait caresser beaucoup par les chefs, se trouve la classe des guerriers, appelés aussi tributaires, parce qu'ils doivent une redevance à ceux des princes auxquels les rattache le lien féodal.

En première ligne sont les *Aralines*, riches par leurs troupeaux de bœufs, moutons, chèvres et chevaux. La population de cette tribu fournit à elle seule un contingent de guerre plus élevé que celui des quatre tribus de princes.

Les *Touhabirs*, aussi puissants que les *Aralines*, sont renommés par leur bravoure ; ils combattent à pied ou à cheval. Enfin les *Oulad Haïds*, les *Tanaques* et les *Breïkates*.

Ces forces, jointes à celles des captifs, seraient assez redoutables pour nous, si un lien solide les réunissait; mais on comprend de suite combien il facile à un ambitieux de créer des partis au sein d'une population qui vit à l'état nomade. La jalousie des princes divise sans trêve, surtout depuis quelques années, les différentes branches de la race *brakna.* Cette désunion énerve le pays, et l'aurait livré, comme une proie facile, à l'ambition du roi des *Trarzas,* si notre réveil, cette année, n'avait opposé une barrière aux idées envahissantes de *Mohamet-el-Abid.*

Nous ne présenterions qu'un tableau incomplet des diverses classes de la population si, après avoir parlé des princes et des tributaires, nous omettions de faire connaître la caste des *marabouts* ou prêtres musulmans.

Les marabouts vivent à part; ils s'éloignent systématiquement des autres *Braknas,* dont leurs richesses excitent la convoitise. En effet, sous un prétexte ou sous un autre, leurs compatriotes les harcèlent, et, invoquant leur charité, n'hésitent pas à leur faire de ces emprunts forcés dont le remboursement n'a jamais lieu.

Quoi qu'il en soit, ils n'éprouvent aucune avanie directe, et la considération qui les entoure, les moyens dont ils disposent, les rendent l'objet du respect public. Le roi doit les ménager, car la désaffection de la caste maraboutale, s'il venait à l'encourir, aurait bientôt créé contre lui un parti capable de le renverser, ou tout au moins de lui susciter des ennemis assez puissants pour engendrer une guerre civile.

La caste des marabouts se perpétue par succession et par adjonction de certains membres ; ainsi le fils devient marabout comme son père, et souvent un homme, prince ou guerrier, dégoûté de la vie agitée qu'il a menée jusqu'alors, des intrigues auxquelles il a pris part, dit adieu au monde, et va, avec sa famille et ses captifs, se mettre sous la direction de quelque marabout célèbre. Dès qu'il a donné des gages d'une conversion sincère, il est considéré comme marabout et jouit des immunités réservées à la caste.

Les marabouts se divisent en tribus : les principales sont les *Dabelarh-Seune*. De cette grande souche sort la famille de *Laloum*, dont nous parlerons à propos de l'escale. Les *Dabelarh-Seune* ont sous leur dépendance féodale les *Oulad Gamar Geudache* et les *Oulad Beun Hamar*.

Puis viennent les *Gueyéba*, les *Déyéboussati*, les *Dogoïe Salla*, les *Torkos*, les *Teumadeuke*, les *Oulad Béri*, les *Chorffos*, les *Tagueït*, les *Deyineuppe*, les *Deilak*, etc.

Toutes ces tribus mènent une vie paisible : la guerre leur est odieuse; ils ne prennent part, au moins ostensiblement, à aucune intrigue ou agitation politique. L'observation rigoureuse des préceptes du *Koran* les rend respectables aux yeux de leurs compatriotes. Le monopole presque exclusif de la récolte et de la vente des gommes, les mille détails de la vie intime auxquels ils président, leur créent une existence et une abondance de ressources qui les satisfont amplement.

Un marabout *brakna* connaît si bien son influence sur ceux de sa nation qu'il ne porte jamais d'armes, à la différence de ceux des *Zénagas* du pays Dowich, qui sont obligés, pour leur défense personnelle et la conservation de leurs biens, de s'armer, surtout lorsqu'ils entreprennent quelque voyage.

Chaque prince, tout homme un peu important entretient à sa suite un marabout qui lui sert de secrétaire. Ce marabout est chargé de l'éducation des enfants et consulté sur la plupart des affaires publiques ou privées qui intéressent la famille à laquelle il est attaché. De nombreux cadeaux et une dîme payée régulièrement entretiennent son zèle.

De cette caste sortent les juges. Le marabout, qui lit le *Koran*, le comprend ou est censé le comprendre, peut seul prononcer sur les différends et appliquer les peines prononcées par la législation; le roi lui-même appelle un marabout pour juger les affaires qui lui sont déférées.

C'est un marabout qui préside aux cérémonies pratiquées à la naissance, à la circoncision, au mariage et au décès. Nous en donnerons le détail plus loin.

Les captifs forment la dernière classe de la nation : le roi, les princes, les guerriers, les marabouts, ont tous des captifs.

Aratine est le mot qui, dans la langue, désigne les captifs ; le nom de la tribu à laquelle appartient le maître est ajouté à celui-là : ainsi on dit *aratine Oulad Si-Hide* pour désigner le captif d'un homme de cette contrée.

Il faut, pour être dans le vrai, distinguer chez les Maures deux classes de captifs ; car il y a des degrés même dans la servitude.

Les anciens captifs, ceux qu'on appelait autrefois à Saint-Louis des *captifs de case*, avec lesquels le maître a vécu longtemps, qui ont rendu à sa famille des services importants, ceux qui sont nés en servitude, jouissent d'un sort assez supportable : ils habitent des camps particuliers, et acquièrent des biens dont ils disposent librement. Quoiqu'en principe tout leur avoir appartienne à leur maître, il est extrêmement rare que celui-ci use de ses droits. Ils le suivent à la guerre, combattent à ses côtés, et une certaine considération, reflet de celle du chef de la famille, les entoure dans la nation.

Mais ceux nouvellement réduits en servitude sont soumis à un joug terrible; leur vie n'est comptée pour rien; chargés des travaux les plus durs, ils ne reçoivent qu'une nourriture insuffisante. Palpitant ainsi entre la terreur que leur inspire un maître impitoyable et les angoisses d'une faim imparfaitement apaisée, ils racontent, quand ils parviennent à s'échapper, des détails inouïs de froide cruauté...

Un Maure ne peut jamais être captif : tous les captifs sont des noirs. L'enfant qui naît des relations d'un Maure avec une négresse suit la condition de son père.

Par un préjugé fort singulier, les Maures pensent que les enfants issus de ce croisement sont meilleurs guerriers que ceux provenant de deux individus de leur race.

Jusqu'à l'année dernière, il se formait sur le territoire des *Braknas*, à un point appelé Donaye, et vulgairement Koq, une escale où se rendaient les traitants de Saint-Louis; ils y séjournaient quatre, cinq et quelquefois six mois.

Ce lieu était le centre d'un commerce important; c'est là que les hommes du désert, et même les *Zénagas*, venaient vendre aux Sénégalais les gommes récoltées dans l'intérieur.

Il nous serait facile de faire ici la description de ces marchés, dont la tenue et la physionomie ne manquaient pas d'originalité; mais ils n'existent plus aujourd'hui. Leur destruction, à notre avis du moins, doit être considérée comme un bienfait public; car leur maintien a été, selon nous, une des causes les plus actives de la ruine des habitants et de l'amoindrissement successif de notre influence politique dans le fleuve.

L'histoire de notre colonie, depuis la reprise de possession, se lie étroitement à celle des tribus maures qui commercent avec nous, et les faits qui se produisent sous nos yeux, obscurs si on les isole du passé, trouvent leur raison d'être dans des événements antérieurs dont la connaissance faciliterait la conduite des affaires politiques de ce pays. Aussi, les intérêts, les préjugés, les divisions, les sympathies et les haines de ces peuplades pouvant servir de guide dans la direction de nos relations avec elles, nous allons esquisser, aussi brièvement que possible, l'histoire contemporaine des Braknas.

En 1817, lorsque le gouvernement français envoya le colonel *Schmalz* pour reprendre possession du Sénégal, *Hamedou Ould Sidy Ély* était roi des *Braknas*; ce prince avait acquis sur sa nation une influence absolue, qu'il devait autant à son habileté qu'aux avantages extérieurs de sa personne. C'était un homme de grande taille, beau de figure, et d'une prestance remarquable. Il aimait la paix, ne négligeant rien pour en assurer la durée. Les Maures, les plus grands fanfarons de la terre, attribuaient à la peur la modération que leur roi montrait en toute circonstance; *Hamedou* le savait, et se moquait tout haut de ces propos et de ceux qui les tenaient. « La paix est grasse, disait-il, et la « guerre maigre. »

Sa sollicitude s'étendait, avant tout, sur le commerce, qu'il protégeait énergiquement; il n'hésitait même pas, chose rare chez un Maure, à faire des sacrifices personnels pour attirer à son escale les marchandises des nations voisines. Ses sympathies pour les Français, bien connues sur les deux rives du fleuve, s'étaient fréquemment et loyalement manifestées.

Dans la guerre que nous eûmes à soutenir, pendant les années 1833, 1834 et 1835, contre les Trarzas, il fut vivement sollicité par *Mohamet el Abid* de se déclarer contre nous et de l'aider à repousser nos attaques; mais il refusa avec fermeté, et ne voulut jamais dévier de la ligne qu'il s'était tracée.

A cette époque, et jusqu'à sa mort, les Trarzas, redoutant son influence et les moyens d'action qu'il puisait dans ses richesses, le respectèrent, lui et sa nation. L'alliance d'*Hamedou* servait de contre-poids aux vues ambitieuses de *Mohamet el Abid* : ce chef n'a pris en effet le développement contre lequel nous réagissons aujourd'hui que du jour où la mort d'*Hamedou* a introduit dans la nation *brakna* le désordre et la confusion, précurseurs infaillibles de l'affaiblissement d'une nation.

La mort d'*Hamedou* arriva dans les premiers mois de l'année 1841 ; elle fut causée par un fait singulier qui mérite d'être rapporté.

Hamedou avait un frère nommé *Mohamet Sidy*. Celui-ci, riche, puissant, très-aimé des *Braknas*, héritier présomptif, abusait de cette situation pour enlever les coutumes du roi et pressurer les tributaires. Peu respectueux pour son frère, il prenait des avances trop marquées sur une succession qui lui paraissait s'ouvrir bien lentement.

Hamedou, quoiqu'il affectât de vivre publiquement en parfaite intelligence avec *Mohamet Sidy*, se plaignait amèrement, dans son intimité, des insultes de son frère. Ses paroles, ses lamentations et son chagrin firent naître des idées de vengeance chez sa femme, et aussi, dit-on, chez son homme de confiance, *n'Diak Moctar*, noir du village de Podor, très-intelligent, bien connu et apparenté à Saint-Louis, où il avait, dans sa jeunesse, longtemps résidé.

On prétend qu'ils se concertèrent pour délivrer Hamedou d'un rival incommode. Quoi qu'il en soit, un jour *Mohamet Sidy* arriva au camp du roi pour avoir une entrevue avec son frère. *Kradeuch*, ami et compagnon fidèle d'*Hamedou*, était présent. Un vase de lait ayant été présenté au voyageur, celui-ci, pressentant quelque piége, pria son frère d'en boire le premier : le roi, à l'insu duquel avait été ourdie la trame, agréa l'offre et but; son frère et *Kradeuch* l'imitèrent. Peu de temps après, ils moururent tous trois. Leur mort fut peut-être naturelle, mais l'imagination des peuples est si active qu'elle rattache souvent à des causes étrangères des faits simples, produits par le cours ordinaire des choses.

Hamedou ne laissa qu'un enfant en bas âge, complétement incapable de conduire les affaires; aussi les princes cherchèrent-ils autour d'eux un homme qui pût gouverner le pays, au moins pendant la jeunesse du fils de leur ancien roi. Leur choix s'étant arrêté sur le prince *Moctar Sidy*, cousin d'Hamedou, ils le mirent à la tête de la nation.

Du vivant d'Hamedou, *n'Diak Moctar*, son ministre, avait accablé *Moctar Sidy* de ses dédains; quand il vit que, malgré ses intrigues, ce dernier avait été choisi, il trembla pour sa place, et même pour sa vie. Espérant que *Sidy Ely*, fils du roi défunt, lui serait plus favorable, et qu'à l'ombre de sa jeunesse il serait le maître, il fomenta le parti d'*Hamedou*, cherchant à tenir ainsi *Moctar Sidy* en échec.

Le roi ménageait *n'Diak Moctar*, qui avait les sympathies de *M. Caille*, alors directeur des affaires extérieures à Saint-Louis; mais, voyant son ministre se dessiner nettement contre lui, il le chassa, et investit de la place le propre frère de *Moctar*, *Abdoulaye*, du dévouement duquel il était assuré.

Dès lors *n'Diak* leva le masque, se déclara ouvertement contre le roi, réunit ses partisans, et, mettant de côté le fils d'*Hamedou*, fit élire, non sans de grands sacrifices, *Mambdoul Ragel*, oncle de *Moctar Sidy*, homme d'une intelligence bornée, privé jusqu'à ce jour de tout crédit.

La guerre civile éclata, à la grande joie de *Mohamed el Abid*, dont l'ambition secrète espérait trouver à se satisfaire au milieu de ces divisions intestines.

N'Diak persuada à *M. Caille*, qui tenait dans ses mains toute la politique du fleuve, que le Sénégal était intéressé au renversement de Mohamet Sidy. Dans les premiers mois de l'année 1844, ce roi, enlevé de l'escale, fut conduit à Saint-Louis avec *Abdoulaye*, son ministre, puis envoyé au GABON, où il mourut ainsi qu'*Abdoulaye*.

Mambdoul Ragel, resté sans compétiteur, exerça

un semblant d'autorité; mais son peu d'intelligence, son défaut d'énergie le rendirent impuissant à dominer les partis, de sorte que le désordre augmentait, et, à sa suite, la déconsidération de la nation *brakna*.

Pendant que le pays s'affaiblissait, le roi des *Trarzas*, intervenant officieusement, parlait beaucoup de paix et de bon accord; mais il commença, dès ce moment, à dire publiquement qu'après tout la souveraineté des *Braknas* lui appartenait au même titre qu'aux princes qui en étaient en ce moment en possession; que les deux peuples, en raison de leur commune origine, avaient dans le principe des chefs unis par les liens de la parenté, et qu'un jour il revendiquerait pour lui-même l'autorité sur les *Braknas*.

Mais il dut bientôt se convaincre que ses vues ambitieuses étaient prématurées; il dut, pour ne pas compromettre d'une manière définitive leur succès ultérieur, s'envelopper de ruses et de mystères. Aussi, pour détourner l'attention qu'avaient éveillée ses paroles imprudentes, machina-t-il d'autres combinaisons.

Il avait dans son camp un jeune prince *brakna*, neveu de *Moctar Sidy*, mort au Gabon : c'était *Mohamet Sidy*, en ce moment roi.

Ce jeune prétendant, sollicitant la protection de

Mohamet el Abid, lui faisait les plus belles promesse. « Vous êtes mon père, lui disait-il; si jamais « je devenais roi, je ne me conduirais que d'après « vos avis; je ne serais que votre lieutenant en « quelque sorte; le véritable roi des *Braknas*, ce « serait vous. »

Flatté de ces assurances, et voyant dans ce prête-nom un moyen sûr d'exercer une influence décisive sur la nation, *Mohamet el Abid* se transporta au pays des *Braknas;* sa présence, son influence déterminèrent les partisans de *Mohamet Sidy*, et celui-ci fut proclamé roi en 1845.

Cependant cette intimité, contraire aux instincts et aux intérêts de la nation, ne devait pas durer bien longtemps; les relations, restées bonnes en apparence, se rompirent à propos de l'événement que nous allons raconter.

En 1851, le roi des *Trarzas*, en grave mésintelligence avec son frère et les chefs des plus importantes tribus, résolut d'entreprendre une expédition contre le pays Adrar, où ils s'étaient réfugiés.

En quittant le territoire *trarza*, il en confia la surveillance et la garde à *Mohamet Sidy*.

Les *Zénagas Schératites*, ennemis irréconciliables des Trarzas, se hâtèrent de mettre à profit l'absence de *Mohamet el Abid :* ils envahirent le pays sans que *Mohamet Sidy* fît le moindre effort pour s'y opposer (peut-être même étaient-ils d'accord), mirent tout au pillage, et poussèrent leur pointe jusqu'à GARAK; puis, chargés de butin, ils reprirent tranquillement le chemin de leur pays.

Ils avaient failli, dans cette razzia, s'emparer de la femme du roi des *Trarzas;* celle-ci ne manqua pas, à l'arrivée de son mari, d'accuser *Mohamet Sidy* d'inaction et de trahison. Le roi, très-irrité, voyant que sa créature n'avait rien fait pour couvrir le *Trarza*, lui adressa des reproches sévères, accompagnés des menaces les plus vives.

Mais *Mohamet Sidy*, se sentant fort de l'influence qu'il avait acquise, des sympathies de son peuple et de la protection du grand marabout *trarza Schirr Sidïa,* dont nous parlerons, se moqua de son ancien protecteur, lui faisant demander sa part des *dattes*, des *beurnouss*, des étoffes de laine et de coton qu'il avait dû rapporter de l'ADRAR... ironie d'autant plus piquante que *Mohamet el Abid* avait fait une expédition malheureuse.

Cette insulte porta jusqu'à l'exaspération le mécontentement du roi des *Trarzas;* il vit bien que sa créature s'était révoltée; aussi chercha-t-il de suite à lui créer un compétiteur. C'est pourquoi il attira, en le faisant passer par la rive gauche, *Sidy Ely*, fils d'*Hamedou*, le caressa, lui promit son appui, lui rappela les droits qu'il tenait de son père, et attendit, tout en entretenant dans le *Brakna* une agitation propice à ses vues, l'occasion favorable de lancer ce prétendant contre celui qu'il accusait d'avoir méconnu ses bienfaits.

Ceci se passait en l'année 1852.

Mohamet el Abid, plein de zèle en apparence pour les intérêts de *Sidy Ely*, voulut bientôt commencer la guerre contre *Mohamet Sidy;* mais il fallait, avant de l'entreprendre, consulter les princes *trarzas;* il les réunit à cet effet, et fit valoir avec force devant eux les droits du fils d'*Hamedou*. Il espérait, par ce procédé hypocrite, entraîner ses sujets, lorsqu'il survint une opposition à ses vues ambitieuses de la part des *Oulad Damann*, sur lesquels il comptait le plus.

Les *Oulad Damann* se divisent en trois branches : les *Attam*, les *Sassi* et les *Abolé*. Ils campent ordinairement sur le pays qui sert de frontière aux deux nations. *Mohamet Sidy*, qui les savait redoutables par leur bravoure et par leur nombre, n'avait rien négligé pour acquérir leurs sympathies. De son côté, *Mohamet el Abid* les croyait absolument dévoués à sa personne; ils l'avaient, jusqu'à ce jour, suivi partout et énergiquement soutenu dans toutes les circonstances. Ils se considéraient comme tenus à un double titre de le seconder : c'était tout à la fois leur chef et leur parent. En effet, la femme de *Mohamet el Abid* était une *Attam*.

Malgré ces précédents et ces raisons, qui avaient entretenu le roi dans une confiance absolue, lorsqu'il eut exposé ses vues, les *Oulad Damann* lui dirent qu'il avait le droit incontestable de faire la guerre à *Mohamet Sidy*, mais que, de leur côté, usant de leurs prérogatives, ils lui refusaient assistance, parce que l'entreprise leur paraissait injuste.

Ces paroles bouleversaient tous les projets du roi. Il réfléchit que le mauvais vouloir des *Oulad Damann* allait infailliblement amener la défection d'autres tribus et compromettre son autorité, et il résolut d'ajourner la réalisation de ses vues; il déclara en conséquence qu'il resterait neutre entre les deux prétendants, et il tint forcément parole.

Les choses en sont là entre les *Braknas* et les *Trarzas*. Si les premiers avaient à leur tête un homme capable de discerner les vrais intérêts de leur pays, ils se seraient empressés de s'unir à nous et de nous aider à abattre plus tôt la prépondérance de *Mohamet el Abid*; mais *Mohamet Sidy*, prince inconsidéré, sans maturité, abandonné à des passions qui obscurcissent chez lui le sens politique, flotte indécis. Ses sympathies, comme ses répulsions, sont déterminées par les motifs les plus futiles, et il pourrait bien se faire que ce prince amenât, par ses tergiversations et sa mauvaise foi, la ruine définitive de la nation *brakna,* dont la considération et la force se perdent dans des oscillations désordonnées.

CHAPITRE XXXIV.

Mort de n'Diak Moctar.

Nous avons parlé plus haut du ministre d'*Hamedou*, *n'Diak Moctar*, qui joua, pendant la vie du roi des *Braknas*, un rôle très-actif. Sa mort tragique causa, il y a quelques années, une profonde sensation, tant à Saint-Louis que dans toute la basse Sénégambie. Nous allons en raconter les circonstances; elles donneront un reflet curieux des mœurs locales.

N'Diak était né à PODOR.

Son père, *Moctar Bouba*, ministre, lui aussi, d'*Hamedou* et du père de ce roi, avait eu, de la même femme, *n'Diak*, *Samba n'Dar* et *Bourika*, qui devint femme de *n'Diaye*, ancien *tamsir* (grand prêtre) de Saint-Louis, et mère d'*Hamat n'Diaye*, *tamsir* en ce moment.

D'une autre femme lui étaient nés *Abdoulaye*, *Brahïm* et *Meuhamba*.

Lorsque *Mohamet Sidy* fut nommé roi en remplacement de *Mambdoul Ragel*, il nourrissait contre *n'Diak* une haine profonde ; mais celui-ci, pour en conjurer les effets, avait fait mystérieusement répandre un bruit qui arrêtait le roi dans ses ressentiments. « *N'Diak* seul, disait-on, connaissait « le lieu où *Hamedou* avait enfoui ses richesses ; il « ne dévoilerait ce secret qu'au roi qui lui garanti- « rait la vie, ses biens et sa place. »

Mohamet Sidy, alléché par l'espoir de mettre la main sur ce trésor, garda *n'Diak* pour ministre.

Mais le roi eut, à cause de ce maintien, de rudes assauts à soutenir de la part de ses partisans et de ses amis. *Brahïm* surtout, frère consanguin de *n'Diak*, qui avait été de tout temps dévoué à *Mohamet Sidy*, portait à son frère une haine profonde, avivée surtout par l'enlèvement et la mort au Gabon d'*Abdoulaye*, son frère germain ; il ne négligeait aucune occasion pour reprocher sa faiblesse à *Mohamet Sidy* et l'exciter à se débarrasser de *n'Diak*.

Voyant que le roi hésitait, *Brahïm*, ses frères et ses neveux se mirent à dresser des embûches à *n'Diak*. Leur but était de l'assassiner ; voici comment ils s'y prirent pour parvenir à leurs fins.

Un des neveux de *n'Diak* avait jusqu'alors suivi le parti de *Brahïm;* d'accord avec celui-ci, il l'abandonna avec éclat et implora le pardon de son oncle.

Pour mieux gagner sa confiance, il lui dévoila les projets de *Brahïm;* pendant ce temps, on dressait le plan de l'assassinat.

N'Diak, en sa qualité de chef de Podor, était un homme du FOUTA; les conjurés avaient lieu de craindre que les habitants de ce pays ne fissent justice du meurtrier, s'ils venaient à le saisir sur leur territoire. On pressentit secrètement leurs intentions; ils promirent de fermer les yeux, tout en conseillant à l'assassin de se réfugier après le meurtre à *Dialmath*, capitale du DIMAR, sorte de lieu d'asile pour les malfaiteurs. Dès lors l'entreprise fut définitivement résolue, et on n'attendit plus qu'une occasion favorable, dût-on la faire naître, pour accomplir cette œuvre de vengeance.

A ce moment *n'Diak* se trouvait à l'escale de DONAYE; il avait envoyé ce neveu dont nous avons parlé, son ami de fraîche date, à GUÉDÉ, sur la rive gauche, le chargeant de percevoir en son nom certaines redevances.

Celui-ci, qui connaissait l'avidité soupçonneuse de son oncle, se doutait bien qu'il se mettrait à sa recherche s'il ne le voyait pas revenir à l'escale le jour même; comme son intention était de l'assassiner sur la rive gauche, afin de pouvoir, le crime une fois consommé, gagner plus facilement DIALMATH, il resta à GUÉDÉ. Là, s'étant confirmé dans sa funeste résolution, il attendit l'arrivée de *n'Diak*.

En effet, celui-ci, inquiet de l'absence de son neveu, se transporta à GUÉDÉ, où il passa la nuit.

Le lendemain ils se mirent en marche pour revenir à l'escale. *N'Diak* était à cheval, ainsi que son neveu, qui était accompagné d'un pauvre *tchioubalo* (pêcheur) cheminant à pied à côté de son cheval. L'oncle, selon le cérémonial africain, marchait le premier.

Arrivé à un certain lieu situé entre le marigot de KOTALA et l'escale, *Abdoulaye* (c'est le nom de l'assassin) dit au *tchioubalo* : « Je vais tuer mon oncle. « Pas un mot, pas un geste, ou tu es mort. »

Le *tchioubalo* s'arrêta tout tremblant, et *Abdoulaye*, se rapprochant vivement de *n'Diak*, lui tira par derrière un coup de fusil à une distance tellement courte que les vêtements de la victime s'enflammèrent. *N'Diak* tomba; sa mort avait été instantanée.....

Au moment de l'assassinat, des cavaliers du FOUTA, venant de PODOR, débouchaient sur le lieu théâtre du crime; l'un d'eux courut après le meurtrier, qui s'enfuyait de toute la vitesse de son cheval dans la direction de DIALMATH ; il ne tarda pas à l'atteindre; mais l'assassin, faisant volte-face, lui dit : « Ce que j'ai fait ne vous regarde pas. Il « est vrai que je viens de tuer *n'Diak;* mais c'est « pour venger ma famille. Laissez-moi continuer « mon chemin : il vous en coûterait de vous mêler « de nos affaires. » Celui-ci se le tint pour dit, revint auprès de ses compagnons, et les aida à transporter à PODOR les restes de *n'Diak.*

Cependant *Mohamet Sidy,* apprenant ce meurtre, manifesta un grand ressentiment, et, déterminé soit par la crainte des amis de *n'Diak*, soit par le désir de posséder l'introuvable trésor, donna au fils de la victime la place de ministre.

Mais peu de temps après celui-ci fut chassé et remplacé par *Brahïm*, l'instigateur connu du meurtre : on vit bien alors quelles avaient toujours été les pensées secrètes du roi.

16.

CHAPITRE XXXV.

Des Trarzas.

Le pays des *Trarzas* commence au marigot de MORGHEN et touche à Saint-Louis ; il s'enfonce, au nord-ouest, dans l'intérieur du SAHARA, jusqu'à la hauteur du banc d'ARGUIN. La baie de PORTENDIK est sur son territoire.

Le Sénégal lui sert de limite à l'est.

Il est nécessaire de rappeler ici que la partie de la rive droite aujourd'hui occupée par les *Trarzas* appartenait jadis au WALO.

La domination du WALO s'étendait alors sur l'une et l'autre rive, de GUÉDÉ à GNIAROL, englobant ainsi une partie du FOUTA TORO, le DIMAR et la moitié du CAYOR actuels.

A cette époque de leur puissance, les *braks* résidaient à DGIOUROURBEL, sur la rive droite.

C'est le temps où le WALO possédait l'escale dite de LAWAR ou du désert, exploitée aujourd'hui par les *Trarzas*. L'escale des DARMANKOURS, voisine de la précédente, dépendait aussi du WALO, et avait été donnée à la tribu DARMANKOUR par un *brak* pieux qui, au moyen de ces marabouts, voulait se rendre favorables Dieu et Mahomet, son prétendu prophète.

Les gens du WALO, nous l'avons dit, cultivent avec passion le vice de l'ivrognerie. Leur système de succession tend à disperser incessamment les éléments constitutifs de la famille. Hommes d'imagination et de plaisirs, ils n'ont pas la moindre prévision des choses du lendemain. Les *Trarzas*, au contraire, sobres, durs à la fatigue, impitoyables, sollicités d'ailleurs par la stérilité de leur sol à se rapprocher des terres plus fertiles, soumis à des chefs entreprenants, trouvaient dans leur race et leurs mœurs des germes de supériorité qui ne tardèrent pas, en se développant, à leur donner l'ascendant sur la race noire.

Sous le règne d'un *brak* appelé *Natago Aram*, il y a environ cent ans, le roi des *Trarzas* acheta du WALO l'escale de LAWAR, et perçut dès lors les redevances payées par les navires français qui fréquentaient cette escale.

Comme prix de cette cession, il s'engagea à offrir annuellement un beau cheval de pure race arabe; le *brak* avait en outre le droit de lever sur nos traitants une légère coutume.

Par cette convention, le triste chef du Walo s'affranchissait, à sa grande joie, des détails fastidieux et des difficultés incessantes que créait l'escale : il pouvait s'enivrer à son aise. Il va sans dire que le roi des *Trarzas* s'est débarrassé depuis longtemps du payement de son tribut; mais jusqu'à l'année dernière nous lui avons fidèlement payé le nôtre, devenu très-onéreux par les accroissements successifs que l'arbitraire des *Trarzas* a imposés à l'incurie des traitants et à la faiblesse de l'autorité locale.

L'escale, objet de la convoitise des Maures, leur appartenant enfin, ils vinrent annellement, de janvier à juillet, c'est-à-dire pendant la saison sèche, sur les bords du fleuve, où ils trouvaient pour leurs nombreux troupeaux une nourriture bien autrement abondante que celle fournie par les rares oasis du désert. Eux-mêmes, obéissant à cet instinct de pillards qui ne les abandonne jamais, dépouillaient les noirs et s'appropriaient, de gré ou de force, tout ce qui leur tombait sous la main. Les plaintes les plus vives recevaient d'autant moins d'accueil que les victimes devenaient tous les jours plus faibles.

Ces bandits agissaient avec une audace telle que les gens du Walo reconnurent bientôt la vérité de ce vieil adage africain : « Un Maure et un noir ne « peuvent jamais vivre en paix côte à côte. » Aussi, sous le brak *n'Diak Aram*, se décidèrent-ils à abandonner la rive droite, espérant, vaine illusion! que le fleuve serait entre eux et leurs persécuteurs une barrière infranchissable.

N'Diak Aram quitta Dgiourourbel et s'établit à Dgiangué ; peu à peu son peuple le suivit, et la rive droite fut entièrement évacuée.

Tout homme, tout peuple qui recule est poussé par son adversaire ; nous verrons bientôt la rive gauche envahie par les Maures, et le Walo s'anéantir, sous l'influence des causes que nous allons énumérer, devant la puissance et l'audace des *Trarzas*.

En effet, fomentée ou non, la guerre ne tarda pas à éclater entre les deux branches de la famille royale, les *Dgioss* et les *Tedgiègue*.

En ce temps, les *Dgioss* étaient très-puissants ; les *Tedgiègue*, qui penchaient pour les Trarzas, auxquels un *brak* de cette race avait déjà vendu l'escale, leur demandèrent assistance, promettant, pour le cas où l'autorité leur resterait, de mettre leur pays sous la suzeraineté de leur roi. Ils devaient reconnaître cet état de vasselage en payant, savoir : le *brak*, à la tribu des *Al Hamar Ould Ely*, d'où sortent les rois, un *moule* (petite mesure) d'or tous les ans ; et le reste du peuple, aux *el Cherki Ould*

Eddy et aux *el Touansi*, tribus de princes, une redevance en mil et en guinées.

Les Maures se hâtèrent d'accepter ces conditions. La guerre prit dès ce moment un caractère d'extermination qui força les *Dgioss* et leur parti à fuir le WALO; ils se répandirent dans les pays voisins, et le canton du CAYOR qu'on appelle le DIAMBOUR reçut une grande partie des émigrés du WALO. Cette race a, aujourd'hui encore, les Maures en horreur. Quand nous voudrons sérieusement repeupler le Walo, il n'est pas douteux que les proscrits n'accourent à notre voix, surtout si, protégés par nous, ils voient, en retrouvant une patrie objet de leurs regrets, l'occasion d'assurer leur indépendance et de faire expier à leurs oppresseurs leurs cruautés et leurs brigandages.

Nous avons dit que l'imagination de ces peuples africains se livrait à de singulières exagérations; en voici, entre mille, un exemple qui nous semble assez curieux; nous le citons parce qu'il naît de notre sujet.

Non loin du poste français de LAMPSAR se rencontre une colline de sable rouge, point culminant d'une série de dunes; elle s'appelle TOUNOU MARRANA (montagne du bonnet). Si on en croit les noirs, dans une des guerres entre les *Dgioss* et les *Tedgiègue*, une des deux armées perdit un chef important qui fut enterré en ce lieu. Chaque soldat s'empressa de remplir de sable son bonnet, dont il jeta son contenu sur le corps. Le nombre des combattants était si considérable que le sable ainsi répandu forma la colline actuelle.........

La branche *tedgiègue* resta donc maîtresse du pays; mais les Maures, loin de se contenter du tribut convenu, la tinrent sous une domination qui devint bientôt absolue; ils écrasèrent le pays, lui imposant de nouvelles charges et le ruinant par des pillages toujours impunis. Ils appliquaient ainsi une maxime barbare de leur code politique : « Qu'il faut fouler « le peuple et le rendre pauvre pour qu'il soit sou- « mis et respectueux. »

Sous l'influence de ces causes de dissolution, le WALO déclina rapidement; le reste de la population, réduit à l'état que nous avons déjà décrit, périt ou se dispersa.

Cependant, en 1819, le WALO se mit sous la protection de la France; il commençait à renaître, à reprendre une nouvelle vie, lorsqu'il fut replongé dans le désespoir et la confusion par les événements dont nous parlerons bientôt.

Les *Trarzas* ont à leur tête, comme les *Braknas*, un roi choisi par les princes dans la tribu *el Hamar ould Ely*, laquelle est la descendance directe de *Ely Shandoro*. Celui-ci, si on en croit la tradition, aurait présidé à l'émigration des *Trarzas*, comme *Hakreureige* à celle des *Braknas*. Cette tribu, jointe à celles des *el Sherki ould Edy*, dont la voix est prépondérante pour l'élection, et des *el Touansi*, compose la grande tribu des *Ouladmeun Damann*, qui absorbe l'autorité et l'influence politiques.

Le roi n'est puissant qu'en raison de son intelligence et de ses richesses; il ne peut, ainsi que nous l'avons vu, entreprendre rien de sérieux sans avoir consulté les princes et les chefs de tribus. Au moindre mécontentement ceux-ci abandonnent le pays avec leur famille, leurs vassaux, leurs adhérents et leurs captifs, et vont établir, dans un pays voisin, un foyer d'intrigues qui entravent toujours le roi, quand elles ne parviennent pas à le renverser. C'est ainsi qu'il y a à peine dix ans *Hamet ould Eleïgatt*, frère de *Mohamet el Abid*, irrité de ce que celui-ci s'appropriait toutes les redevances des tributaires, sortit du pays et se retira chez les *Braknas*, avec lesquels il avait des relations amicales depuis son mariage avec la sœur d'*Hamédou*.

Lorsque le parti de *n'Diak Moctar* fut dispersé, *Ould Eleïgatt* se rendit dans l'Adrar, où tous les mécontents allaient le rejoindre.

Mohamed el Abid, voyant que ces désertions étaient d'autant plus dangereuses qu'elles venaient des tribus royales, fit solliciter son frère de revenir dans le TRARZA, et, sur ses refus réitérés, prit la résolution de le faire assassiner.

La tribu des *R'halla* habite le haut TRARZA, non loin de l'ADRAR; les princes émigrés, la sachant dévouée à *Mohamet el Abid*, n'hésitaient pas à la piller. Ces hommes irrités s'entendirent avec le roi pour le débarrasser de son frère; il leur promit, pour prix du sang, trente pièces de guinée; mais ils voulaient des assurances publiques contre les vengeances ultérieures du roi lui-même et de sa famille. *Mohamet el Abid* dut convoquer une assemblée; quand elle fut réunie, les *R'halla* dirent au roi que leur patience était à bout, qu'ils voulaient tirer vengeance des avanies des princes émigrés. « Mais pendant le combat, ajoutèrent-ils, nous « pouvons tuer quelque prince; dans ce cas, que « feras-tu? »

Le roi leur répondit : « Si vous rencontrez dans « l'ADRAR mon fils aîné *Sidy*, que voici, tuez-le..., « votre action me paraîtra juste...

Ainsi rassurés, les *R'halla* résolurent d'employer la ruse, et, s'étant rendus en petit nombre dans un bois situé près du lieu habité par *Ould Eleïgatt*, ils appelèrent celui-ci à une conférence; mais il refusa d'abord en disant : « Je n'irai pas au rendez-vous, à moins qu'un tel... (un de ses amis qu'il indiqua) ne m'invite à venir. » Or, celui que le prince désignait était présent, mais il ignorait le but secret des conjurés; il se montra, et le prince vint...

Après une longue conférence, au moment où *Ould-Eleïgatt* se retirait, un des conspirateurs le tua . . .

L'ami dont la victime avait suivi la foi, furieux de ce que son nom venait d'être déshonoré, voulait tuer le meurtrier; mais les autres l'entourèrent et l'entraînèrent loin du théâtre du crime.

Quand *Mohamet el Abid* apprit ce forfait, il donna des signes publics d'un affreux chagrin; il fit, selon l'usage dans les grandes douleurs, abattre sa tente et resta dessous, accroupi, la tête enveloppée dans son *coussabe;* il gémissait tout haut.....

Les *Trarzas,* sans croire à de pareilles démonstrations, n'osaient troubler ses lamentations hypocrites; mais *Hamet Touta,* vieux prince à cheveux blancs, indigné de tant d'audace, souleva la tente, tira le roi par le bras en lui disant : « Pourquoi « pleurez-vous? Est-ce la joie qui vous étouffe? « N'est-ce pas vous qui l'avez fait tuer? Levez-vous, « et n'ajoutez pas l'odieux de vos pleurs à l'horreur « de votre crime!!...

Après la grande tribu des *Oulad meun Damann* se placent des tribus de princes moins élevés en dignité, mais jouissant d'une influence notable; comme indice et constatation de leur position hiérarchique, elles ne sont soumises à aucun impôt.

En première ligne nous trouvons les *Oulad Daman*, qui se divisent, nous l'avons dit, en trois branches : les *Attamm*, les *Sassis* et les *Abolé*; viennent ensuite les *Oulad Bôlïa*, les *Heuleupp*, qui ne s'approchent jamais des bords du fleuve, les *Azounas*, pillards du roi dans le WALO et les pays voisins, et les *Dakshar*.

Dans un rang inférieur, on rencontre les tribus de guerriers payant un impôt ; ce sont les *R'halla*, les *Meuradine*, les *Rouei Jatt*, les *Idérïk*, les *Lemch*, les *Roumbatine*, les *S'heubeyatt*, les *Loumaguy*, les *Dabagara*, les *Beuss'ba*, les *Takarradiente*, les *Dalbayo* et les *Oulad Bouli*.

Ces hommes combattent à pied et à cheval; cependant, quand la bataille devient sérieuse, quand la victoire est disputée, tout le monde met pied à terre.

Dans les combats qu'ils se livrent entre eux, les Maures déploient une assez grande bravoure; mais s'ils ont à affronter une force européenne ils deviennent hésitants, et reconnaissent si bien la supériorité de notre courage et de nos armes qu'ils se dérobent le plus ordinairement à nos coups, éternisant ainsi une lutte qui finirait bien vite si nous pouvions les joindre corps à corps.

Les Maures n'osent jamais attaquer un point fortifié ; leur tentative contre la tour élevée derniérement pour défendre notre pont de LEYBAR sort tellement de leurs habitudes, et, dans ce combat, quelques soldats français ont déployé une intrépidité si héroïque, que nous devons consigner ici ce beau fait d'armes.

Vers le 20 avril de cette année (1855), pendant que le gouverneur parcourait à la tête d'une colonne la rive droite, le roi des Trarzas, abandonnant son pays, franchit le fleuve, traversa le WALO et vint à LEYBAR, dans l'espoir d'envahir l'île de SOR et d'enlever, sous nos yeux, les bestiaux capturés sur ses sujets.

En arrivant au Gué, il vit, avec un profond étonnement, un blokhaus en maçonnerie qui, six jours avant, n'existait pas. Il fallait enlever cette tête de pont.........

Excitant l'ardeur des quinze cents hommes qu'il commandait, il les lança contre l'ouvrage..... mais là, reçu avec un sang froid admirable par la petite garnison que commandait le sergent *Brunier*, il vit sa troupe décimée par des coups qui choisissaient leur but. Furieux de leurs pertes, les Maures se ruèrent jusqu'au pied de la tour, cherchant à tuer ses défenseurs en tirant à bout portant dans les créneaux...

Le combat dura, avec un acharnement incroyable, pendant *cinq heures et demie*, au milieu des hurlements des assaillants, excités encore par les lamentations de quelques indigènes qui s'étaient, à la hâte, réfugiés dans l'ouvrage, et que l'attaque avait remplis d'une profonde terreur.

A la fin les Maures, abattus, découragés, prirent le parti de s'enfuir, salués à leur départ par la mitraille d'une pièce dont le fortin était armé.

Le roi, dans sa précipitation, abandonna sur le lieu du combat la peau de mouton qu'un chef emporte toujours avec lui pour en couvrir la terre sur laquelle il s'asseoit, son chapelet et le morceau de viande dont il déjeunait au moment où la mitraille vint siffler autour de sa tête.

Vingt-sept cadavres et cent blessés au moins apprirent à ces barbares ce que pouvaient quelques jeunes Français commandés par un chef au cœur intrépide.

Profondément découragés, les Maures s'enfoncèrent dans l'intérieur du Walo ; mais leur rage se tourna bientôt contre *Mohamet el Abid*, et ils l'accablèrent de reproches sanglants. « Tu te vantais, disaient-ils, d'écraser le gouverneur ; vaine « fanfaronnade !.. à sa vue, tu fuirais comme un « lâche. Que vient-il de se passer? Tu as été battu « par un de ses *sodards* qui commande *quatre* « *blancs*..... »

Ce mot *sodard*, sous lequel ils désignent nos soldats, est un terme de mépris. En effet, ils sont convaincus que tous les militaires non revêtus du grade d'officier sont des esclaves de l'Empereur ; or il est déshonorant pour un prince maure de se mesurer avec un homme de basse extraction. Ne reconnaît-on pas là cet esprit féodal dont nous avons parlé si souvent?

Comme chez les *Braknas*, les tribus de marabouts mènent une vie paisible; ils jouissent au Trarza d'une considération plus grande encore que chez leurs voisins; les *Trarzas*, en effet, sont plus zélés que les Braknas dans la pratique des règles du *Koran*.

La première tribu de marabouts est celle des *Oulad Deymann*, qui se divise en cinq branches : les *Oulad Sidil Faly*, les *Oulad Baba Hamet*, les *Idabou*, les *Dowe Daïch* et les *Daïch Farra*.

Ces hommes, objet de la vénération universelle, disposent d'une complète liberté d'action. Le roi les redoute, les ménage avec soin, et ne manque jamais, à certaines époques, de leur faire des présents considérables, pratique imitée par les princes.

Considérés comme des nobles de race, les marabouts peuvent s'unir à des femmes de tribus princières. A la tête de revenus importants, de richesses entassées de génération en génération, leur préoccupation exclusive est d'entretenir le fanatisme de leurs compatriotes, et de leur souffler sans trêve cette haine des chrétiens, ce mépris des noirs, qui distinguent à un si haut degré la nation *trarza*.

Les autres familles ou tribus de marabouts sont les *Meudélich*, les *Chorffos*, les *Coumbelles*, les *Takadra*, les *Derropp*, les *Dgiarmadgi*, les *Oulad Bazeïde* et les *Talamett Schirr*. Ces derniers ont pour chef un marabout célèbre dont nous avons parlé, *Schirr Sidïa*. Son instruction profonde dans les choses du *Koran*, sa piété, son esprit de sagesse l'ont rendu si vénérable aux yeux de ses coreligionnaires qu'ils lui croient le don de seconde vue et lui attribuent le pouvoir des miracles. Quand sa protection s'étend sur quelque prince ou tributaire, le protégé devient de suite un homme considérable, respecté de tous.

Lorsque *Mambdoul Ragel* fut élu roi des *Braknas*, *Mohamet Sidy*, roi actuel, alla visiter *Schirr Sidïa*. Il eut le talent de gagner l'affection de ce marabout, qui lui prédit qu'il serait roi un jour, et l'adopta en quelque sorte pour son fils. La cérémonie consiste à placer l'adopté sous le large *boubou* de l'adoptant, de manière que le premier, se trouvant couvert par l'étoffe, ait son corps en contact avec le corps de l'autre.

Cette protection ainsi publiquement déclarée rendit *Mohamet Sidy* sacré aux yeux des musulmans. Elle entrave encore *Mohamet el Abid* dans l'exécution de ses perfides desseins contre le roi des *Braknas*.

Enfin les captifs forment une classe à part. Nous ne reviendrons pas sur ce que nous avons dit des *Aratines*, en parlant des *Braknas*; leur régime est à peu près le même parmi les *Trarzas*, avec cette nuance cependant que les captifs de fraîche date y sont traités plus durement encore que chez les *Braknas*.

Dans les guerres on les pousse en avant; ils supportent ainsi les premiers coups. Ce premier rang, si recherché des peuples au cœur noble, est abandonné ici aux races dégénérées.

Mohamet el Abid, roi actuel des *Trarzas*, exerce, nous l'avons dit, sur la nation une influence qui, bien que grande, n'est pourtant pas sans contradicteur.

Les affaires, les divisions, les sympathies secrètes ou avouées des *Trarzas* sont tellement liées aux combinaisons et aux besoins de notre politique, dans le fleuve, que, pour bien démêler les intérêts qui nous sont contraires de ceux que nous pourrions tourner à notre avantage, il nous semble utile de faire connaître avec quelque développement l'histoire contemporaine de la nation *trarza*.

Vers la fin du siècle dernier, *Elikauri* était roi ;

son autorité sur sa nation était incontestée; elle se faisait sentir même dans les pays voisins; il avait considérablement étendu la puissance *trarza* au détriment du WALO. Les habitants de cette contrée, déjà refoulés sur la rive gauche, achevèrent leur ruine lorsque, ainsi que nous l'avons dit, la branche *tedgiègue* invoqua, pour dominer, l'assistance d'*Elikauri*.

A sa mort, ce roi laissa encore à la mamelle un fils appelé *Mohamet Elikauri*.

L'autorité fut confiée, selon la coutume, à *Moctar Amar*, frère du roi décédé. Il ne tarda pas à mourir sans enfant; son frère *Aleïéte* le remplaça. A sa mort, ce dernier ne laissait qu'un jeune fils, *Moctar Aléïte*.

Le troisième frère, *Amar Coumba*, prit le gouvernement, et mourut bientôt, laissant aussi un enfant très-jeune, nommé *Mohamet Damarr*. De ces trois enfants, aucun n'était en âge de gouverner; les princes durent pourvoir à l'administration des affaires. Leur intention bien connue était que le pouvoir restât dans la famille d'*Elikauri*; mais il fallait qu'en attendant la majorité de *Mohamet Elikauri* le pays fût confié à un homme sûr, dont l'expérience et la capacité offrissent des garanties.

Amar ould Moctar semblait réunir ces conditions; en conséquence ils le firent roi temporaire.

Ce prince descendait bien d'*Ely Shandoro*, mais par une branche éloignée; il ne pouvait donc, d'après la coutume, avoir la prétention de posséder jamais l'autorité souveraine.

C'était un homme habile, qui, dès le début, conçut la pensée de garder, pour lui et sa famille, le pouvoir qu'on avait mis entre ses mains à titre de dépôt.

Son administration tendit à réaliser cette convoitise; il caressa les princes et les marabouts, poussa vigoureusement l'influence des Trarzas au dehors, et, par ses libéralités et ses manœuvres, se fit un parti puissant.

Lorsque *Mohamet Elikauri* fut en âge de gouverner, il revendiqua hautement ses droits, mais *Amar ould Moctar*, se sentant fort, refusa nettement de les reconnaître.

Pour bien dessiner la situation et voir ceux qui lui resteraient fidèles, il leva son camp et se retira dans l'intérieur, invitant ses partisans à le suivre. Sur cette démonstration, la grande tribu des *Oulad meun Damann* se divisa; ses membres prirent parti, les uns pour *Amar ould Moctar*, les autres pour *Mohamet Elikauri*, et la guerre civile commença.

Mais *Amar ould Moctar* avait ménagé de longue main la situation et les esprits; son âge, l'habileté qu'il avait déployée, les habitudes prises amenèrent autour de sa personne et au soutien de sa cause la majeure partie de la nation. *Mohamet Elikauri* dut bientôt se convaincre qu'il n'aurait, dans la lutte, que des chances défavorables; dès lors il se résigna, et, attendant des temps meilleurs, il quitta le pays.

Il se retira, avec ceux de ses partisans qui lui restèrent fidèles, chez les *Zénagas* du pays Dowich : ceux-ci le reçurent avec empressement, le traitèrent honorablement et lui donnèrent en mariage *Lalia*, princesse du sang royal. C'est de cette époque que date la haine des *Zénagas* contre *Mohamet el Abid*, haine dont nous avons vu les effets, et que nous pourrions utiliser dans l'intérêt de notre politique.

Mohamet Elikauri s'établit donc au pays Dowich ; du lieu où il s'était fixé, il dirigeait des incursions incessantes contre le Trarza. Actif, très-brave, il acquit rapidement la réputation de chef habile, de guerrier redoutable. Chaque fois qu'il rencontrait les partisans de son ennemi, il les mettait en fuite ; mais ses moyens étaient bornés; il avait à lutter contre un adversaire qui disposait de toutes les ressources de la nation, sans cesse renouvelées par les coutumes perçues à l'escale.

Pendant que la misère ébranlait la fidélité de ses amis, son rival se consolidait et la nation s'irritait; car elle payait, sous une forme ou sous une autre, le prix de ces querelles intestines. Peu à peu les amis de *Mohamet Elikauri* le quittèrent, et il se vit forcé d'interrompre le cours de ses stériles succès.

Mais en l'année 1819, lorsque le WALO, voulant secouer le joug des *Trarzas*, se mit sous la protection de la France, que la guerre éclata entre ce pays et ses oppresseurs, *Mohamet Elikauri*, saisissant l'occasion de recommencer la lutte, quitta le DOWICH, et vint, sur un navire qui descendait de BAKEL, offrir ses talents à la guerre et l'influence de son nom au peuple du WALO.

La guerre prit dès ce moment un caractère sérieux ; *Mohamet Elikauri*, plus à portée du TRARZA, réveilla le courage de ses partisans, et, s'il ne remportait pas toujours sur son compétiteur des avantages signalés, au moins le tenait-il fortement en échec.

De notre côté, sans prendre ouvertement le parti de *Mohamet Elikauri*, nous soutenions le WALO.

Il y avait alors parmi les *Trarzas* un prince nommé *Omer;* son grand âge l'avait rendu l'objet de la vénération universelle; il était chef des *el Sherki ould Edy* qui jouent un si grand rôle dans l'élection des rois.

Son fils, *Hamet Fall*, joignant à l'influence de son père celle qu'il s'était acquise lui-même par une bravoure à toute épreuve, vivait en état d'indépendance; c'est à peine s'il reconnaissait *Amar ould Moctar* pour son souverain; dans tous les cas il méprisait ses ordres.

Celui-ci, lorsque les Français prirent parti pour le WALO, avait défendu de leur vendre de la gomme; mais *Hamet Fall*, se moquant de cette défense, amenait lui-même les caravanes, soit à DAGANA, soit à M'BILOR, où s'étaient rendus nos traitants.

Amar ould Moctar, impuissant à s'opposer aux pratiques d'*Hamet Fall* et le voyant retirer de son audace un parti fort avantageux, se détermina à solliciter la paix. Nous eûmes le double tort de nous rendre à ses vœux et de ne pas stipuler en même temps au nom des gens du WALO; de sorte que notre escale s'ouvrit au lieu ordinaire, et que la guerre continua entre les *Trarzas* et le WALO resté fidèle à *Mohamet Elikauri*.

Qu'on s'étonne encore qu'après cette marque d'indifférence, qui n'a pas été la seule, les hommes du WALO aient peu de confiance en nos promesses, et refusent, dans la crainte d'un nouvel abandon, de se ranger de notre côté.

En ouvrant l'escale de LAWAR, *Amar ould Moctar* comprit que, s'il n'entretenait qu'avec nous des relations de commerce, il pourrait, à notre volonté, être réduit, lui et sa nation, à l'extrémité dont il sortait; il se mit en conséquence en communication avec les Anglais de la Gambie, et les sollicita de venir à Portendik.

Mais les négociants et les traitants du Sénégal virent avec inquiétude le débouché nouveau que s'ouvrait le roi des *Trarzas ;* mus par un intérêt naturellement contraire à celui qui déterminait *Amar ould Moctar*, ils s'entendirent secrètement avec *Hamet Fall*, et l'excitèrent, par des présents très-considérables, à empêcher la tenue de l'escale de Portendik. *Hamet Fall*, s'y étant décidé, se disposa à partir dans ce but : c'était en l'année 1822.

Amar ould Moctar, à la nouvelle du voyage d'*Hamet Fall*, tomba dans une violente colère ; il comprit d'où partait le coup et son impuissance à se venger de nous...

Il avait alors cinq fils, *Brahim Waly*, *Elikramnach*, *Mohamet el Abid*, *Ould Eleïgatt* et *Bouoboïna ;* il les appela, et leur exposa la situation intolérable que faisait *Hamet Fall* à lui et à sa famille.

« Cet homme, leur dit-il, est le véritable roi du « Trarza ; il m'accable d'insultes, il ne tient aucun « compte de mes ordres. Si je n'étais pas un vieil- « lard, *Hamet Fall* éprouverait les effets de mon res- « sentiment, mais il sait que les forces m'abandon- « nent, et il méprise mes cheveux blancs. »

Après ces lamentations il se mit à pleurer ; puis,

voilant sa tête de son *coussabe*, il congédia ses enfants.

Brahim Waly, *Elykramnach* et *Mohamet el Abid* avaient gardé un profond silence pendant les plaintes de leur père; les deux autres, encore en bas âge, ne comprenaient rien à ses doléances. Les trois aînés se réunirent dans une conférence secrète; là *Brahim Waly* dit à ses frères : « Les larmes de « mon père me brûlent le cœur; il faut que je tue « *Hamet Fall.* » Effrayés de cette résolution, ses frères lui représentèrent que *Hamet Fall* et son père *Omer* étaient bien puissants; que la mort du premier allait raviver la guerre civile et donner de nouvelles forces au parti de *Mohamet Elikauri;* que cette mort amènerait la ruine du pays, et, pour leur famille, la perte peut-être de cette autorité que leur père avait conquise et conservait avec tant de peine.

Mais *Brahim Waly* demeura inébranlable. « Il « faut, dit-il, que les larmes de mon père soient « vengées. Je me considérerais comme déshonoré « si moi, l'aîné de la famille, je ne portais pas se- « cours à mon père dans son affliction. *Hamet Fall* « mourra... »

Et, après leur avoir recommandé le secret le plus absolu, il partit pour PORTENDIK. Il voyagea avec quelques fidèles initiés à ses dessins, et fit une telle diligence qu'il arriva avant *Hamet Fall.*

Celui-ci, bien qu'averti du départ de *Brahim Waly*, n'hésita pas à se rendre à PORTENDIK ; il avait avec lui un certain nombre d'amis, et entre autres *Mohamet Damarr*, fils du prince *Amar Coumba*. Il disait en route qu'il méprisait tellement cette famille d'*Amar ould Moctar* qu'avec son bâton seul il chasserait *Brahim Waly* de l'escale. Quand ses compagnons lui représentaient que cet homme pourrait bien attenter à ses jours, il se mettait à rire en agitant son bâton.

Lorsqu'ils furent arrivés à une petite distance de PORTENDIK, ils virent venir à eux *Brahim Waly*, suivi de quelques-uns des siens; il marchait à pied, tenant son fusil à la main. *Mohamet Damarr*, qui montait le même chameau que *Hamet Fall*, lui dit : « Voici *Brahim Waly*; il a l'air d'un homme déci- « dé à faire un mauvais coup; il va bien certaine- « ment nous attaquer : voyez sa figure sinistre. Met- « tons pied à terre, nous aurons plus de facilité « pour nous défendre... »

Hamet Fall hésitait... Cependant, après un moment de réflexion, il fit agenouiller son chameau et descendit; il était sans armes, tenant à la main le mince bâton qui sert à stimuler le chameau.

Pendant ce temps *Brahim Waly* était arrivé auprès du groupe d'*Hamet Fall*; il salua celui-ci en prononçant la formule ordinaire : *Sala malékoum.*

Hamet Fall répondit, comme c'est l'usage : *Malékoum salam*. *Brahim* lui dit : « Vous venez ici pour « exécuter un dessein que je connais; vous n'ac- « complirez vos projets qu'après m'avoir marché « sur le ventre. » Et au même instant il le tua d'un coup de fusil...

Ce forfait amena entre les amis des deux princes un engagement dans lequel plusieurs furent tués, et entre autres *Mohamet Damarr*.

Les marabouts qui, pour trafiquer, s'étaient déjà rendus à PORTENDIK, apprirent bien vite la mort d'*Hamet Fall* et de *Mohamet Damarr*, neveu de leur ancien roi *Elikauri*. Pénétrés de douleur, ils se rendirent au lieu de l'assassinat, et procédèrent à l'inhumation des cadavres.

Cependant *Brahim Waly* partit de suite pour le camp de son père; ce fut lui qui annonça à *Amar ould Moctar* que l'homme qui l'avait outragé, que *Hamet Fall* avait cessé de vivre.

Le roi comprit qu'un ennemi nouveau, le plus dangereux de tous, allait surgir. Avant que la nouvelle du crime de son fils ne se fût répandue dans les camps, il chercha à raffermir le zèle et la fidélité de ses partisans, et, ne s'en tenant pas à ces précautions, il envoya auprès d'*Hamédou*, roi des *Braknas*, pour lui demander secours contre *Omer*. Les *Braknas* vinrent en effet.

Au moment où ces événements s'accomplissaient, *Mohamet el Abid*, troisième fils d'*Amar ould Moctar*, se trouvait à l'escale de Lawar, malade, livré aux soins de *M. Alin*, depuis maire de Saint-Louis, qui s'occupait avec quelque succès de médecine et de chirurgie.

Quand il apprit la mort d'*Hamet Fall*, il oublia sa maladie et s'enfuit précipitamment, abandonnant tout, même sa tente, qui, recueillie par *M. Alin*, fut rendue plus tard au prince par l'intermédiaire des *Braknas*.

Cependant *Omer* était au camp des *Azounas*, voisin de celui du roi, lorsqu'un bruit sinistre se répandit parmi les siens : *Hamet Fall* était mort assassiné par *Brahim Waly*.... *Mohamet Damarr* avait succombé en cherchant à venger son ami... La stupeur envahit les cœurs ; mais personne n'osait annoncer à ce malheureux père le meurtre de son fils... Un ami fidèle se chargea enfin de cette triste mission.

Omer, apprenant l'assassinat, ne fit entendre aucune plainte ; mais, étendant le bras, il prononça le mot sacramentel *Jameléïmann*, que les *Wolofs* traduisent par *Aram*. Celui qui a dit ce mot en annonçant qu'il ferait telle ou telle chose doit, sous peine de déshonneur, tenir sa parole : *Omer* jura qu'il poursuivrait jusqu'à la mort *Amar ould*

Moctar et sa race; qu'il donnerait un autre roi aux *Trarzas,* et qu'il rejetterait au fond du désert cette famille d'assassins qui avait volé le pouvoir. Les *Azounas* s'associèrent tous à ce serment.

Omer, sans perdre de temps, envoya des messagers dans le WALO; ils invitèrent en son nom *Mohamet Elikauri* à passer sur la rive droite avec les chefs du WALO. On devait s'entendre avec *Omer* sur la direction à donner à la guerre qu'ils allaient désormais faire en commun.

Mohamet Elikauri n'hésita pas, comme on le pense bien, à accepter ces propositions ; s'étant rendu auprès d'*Omer* avec les principaux du WALO, il s'entendit avec lui et fut proclamé roi.

Afin de combiner mieux leur système d'attaque, ils passèrent tous dans le WALO.

Les *Braknas*, auxiliaires d'*Amar ould Moctar*, apprenant la révolte d'*Omer* et des *Azounas,* et l'alliance qui venait de se former entre ceux-ci et les hommes du WALO, craignant que les Français ne prissent parti pour *Mohamet Elikauri*, refusèrent de continuer leur assistance et rentrèrent dans leur pays.

Cependant *Mohamet Elikauri, Omer* et les gens du WALO ne s'endormaient pas; ils préparèrent une expédition contre *Amar ould Moctar*. Le premier, à la tête d'une troupe nombreuse et bien armée, passa sur la rive droite et s'avança vers son ennemi.

Il l'atteignit en un lieu nommé Tewourwour. Les deux partis, très-animés, combattirent avec un acharnement qui a laissé de profondes traces dans l'esprit des *Trarzas*. La bataille fut donc très-sanglante; *Amar ould Moctar*, complétement battu, y perdit deux de ses fils, *Elykrám Nach* et *Brahim Waly*, l'assassin, qui fut tué par *Brahim Kreulill*, frère d'*Hamet Fall*.

Dans la précipitation de sa fuite *Amar ould Moctar* abandonna son camp; les valeurs qu'il renfermait, un grand nombre de chevaux et d'abondants troupeaux de chameaux et de bœufs devinrent la proie des vainqueurs.

Le vaincu se retira au fond du désert, triste, abattu, mais ne perdant pas tout espoir. La guerre dégénéra en affaires de partisans.

Mohamet Elikauri, maître des bords du fleuve et d'une partie considérable du Trarza, vit ses forces s'augmenter de jour en jour. Ses talents, la victoire signalée qu'il venait de remporter, ses droits, le nom de son père, lui attiraient de nombreux auxiliaires. Il tenait l'escale et percevait les *coutumes*.

Amar ould Moctar, au contraire, sans cesse harcelé, toujours obligé de reculer, allait disparaître de la scène politique; l'autorité de son compétiteur devenait définitive, et chacun la reconnaissait, lorsqu'en l'année 1827, et à intervalles rapprochés,

Omer mourut et *Mohamet Elikauri* fut tué, par un obscur tributaire, dans une expédition de peu d'importance.

Il est utile, pour l'intelligence des choses, que nous fassions connaître la cause de l'expédition dans laquelle ce prince rencontra la mort; ce détail jettera quelques lumières sur la politique suivie au Sénégal depuis l'année 1830.

En 1827, M. Pellegrin était maire de Saint-Louis; le maire alors dirigeait, sous l'autorité plus ou moins bien éclairée des gouverneurs, notre politique dans le fleuve. M. Pellegrin jouissait, à juste titre, d'une grande considération, aussi bien à Saint-Louis que parmi les populations riveraines; son nom est encore aujourd'hui tenu en très-grande estime parmi nous. Intelligent, généreux, résolu, il poursuivait la réalisation des vrais intérêts de la colonie et voulait l'affranchissement du Walo.

Il était l'ami dévoué et le soutien de *Mohamet Elikauri*, qui passait ses loisirs à Faff, sur la rive gauche, auprès de l'habitation que possédait en ce lieu M. Pellegrin.

Vers le commencement de l'année 1827, M. Pellegrin descendait le Sénégal; il avait à son bord quelques *Azounas*. Arrivé aux environs de Dgiandou, près le marigot de Dgiadger ou des Maringouins, il avait mis à terre une partie de son équipage et envoyé dans l'intérieur un homme chargé de tuer quelque gibier. Celui-ci remarqua avec étonnement que le gibier qu'il voyait se dirigeait avec effroi vers lui. Habitué à la vie des bois, il comprit qu'une troupe venait en sens opposé, marchant vers le fleuve ; dès lors il soupçonna quelque embûche, et, rebroussant chemin, courut avertir M. Pellegrin. A peine les hommes qui étaient à terre avaient-ils eu le temps de se rembarquer, au moment où on déployait la voile pour gagner la rive opposée, qu'une bande d'*Oulad Dakshar*, partisans d'*Amar ould Moctar*, apparut, et, tirant sur l'embarcation, tua quelques hommes et en blessa plusieurs ; M. Pellegrin fut lui-même atteint.

Lorsque la nouvelle de cette surprise et de la blessure de son ami parvint à Faff, *Mohamet Elikauri* jura de tirer des *Oulad Dakshar* une éclatante vengeance, il partit, en effet, les poursuivit à outrance, et, ayant fini par les joindre, il en fit un grand carnage.

Le combat terminé, il se reposait un peu à l'écart, laissant les siens poursuivre et achever les fuyards, lorsqu'on vint l'avertir que ses compagnons avaient rencontré, parmi les ennemis, un captif de sa famille, et qu'ils s'apprêtaient à le tuer ; aussitôt il courut de toute la vitesse de son cheval et arriva assez à temps pour sauver la vie de l'homme.

Il le fit monter en croupe et revint sur ses pas. Le chemin le ramenait vers un arbre touffu dont les branches recélaient un *Oulad Dakshar* armé d'un fusil. Le captif vit bien que cet homme ajustait son maître; mais il garda le silence, et paya ainsi un bienfait de la plus lâche ingratitude.

Blessé mortellement, *Mohamet Elikauri* se pencha sur le col de son cheval, abandonnant les rênes et rendant le dernier soupir. Le captif le poussa, et, s'en étant ainsi débarrassé, s'enfonça dans le désert au grand galop.

Ainsi finit *Mohamet Elikauri*, prince brave, généreux, plein de talents, ami des blancs et de leurs idées. Si une mort prématurée ne l'avait pas ravi à ses destinées, peut-être aurait-il poussé son peuple dans une voie de progrès. Il était chevaleresque, non insensible à la poésie, et laissait voir dans toute sa personne un reflet de cette civilisation arabe dont les Maures de nos rives conservent un souvenir confus. En effet, des traditions, mais qui s'effacent tous les jours, leur rappellent des contrées plus heureuses où leur race dominait.

Quand le fils de *Mohamet Elikauri*, forcé par la fortune adverse de reconnaître la souveraineté du fils d'*Amar Ould Moctar*, revint dans le TRARZA, un jour qu'il cheminait avec quelques amis, il vit venir à lui un *Oulad Dakshar*, dont la présence excita parmi les siens un mouvement d'horreur. Il interrogeait du regard ses compagnons, lorsqu'il entendit murmurer ces mots : « Voilà *Ouldaïa*, l'assassin de *Mohamet Elikauri*..... » A ces mots, *Moctar*, s'avançant vers l'homme et lui barrant le passage, le tint longtemps cloué sous son regard ; après l'avoir bien considéré, il prononça ces mots : « C'est vous, « *Ouldaïa*, qui avez tué mon père ?..... »

Ouldaïa n'avait jamais vu le jeune prince ; il s'informa de son nom. Lorsqu'il sut que c'était le fils de *Mohamet Elikauri*, il se mit à trembler, et courut s'enfermer dans sa tente, où il mourut bientôt de terreur.

Les marabouts enterrèrent avec les cérémonies d'usage le corps de *Mohamet Elikauri*; mais *Amar Ould Moctar*, étant parvenu à connaître le lieu où il avait été placé, le fit exhumer, et, par ses ordres, on enleva les omoplates. En effet, c'est une idée universellement reçue sur les deux rives que, lorsqu'une famille possède ces restes extraits du corps de son ennemi, elle conserve la prépondérance tant qu'elle reste nantie du talisman. Ce préjugé est ce qui peut-être fait la plus grande force de *Mohamet el Abid*. *Amar Ould Moctar* ne manqua pas de faire confectionner avec les os de son adversaire des gris-gris qu'il cacha soigneusement, après toutefois les avoir montrés à ses partisans.

Mohamet Elikauri mort, ses amis comprirent bien vite qu'*Amar Ould Moctar* allait prendre le dessus : ils commirent la faute d'abandonner la rive droite et se retirèrent dans le WALO.

Ils tinrent là une grande assemblée, dans laquelle ils proclamèrent roi *Moctar*, fils aîné de *Mohamet Elikauri;* mais ce prince, jeune encore, n'avait pas acquis sur ses compatriotes cette autorité que donnent le temps ou des exploits remarquables ; il n'obtenait donc qu'une obéissance douteuse. Pendant que son adversaire reprenait peu à peu possession de toute la rive droite, lui, obligé de vivre dans le WALO, subissait des privations qui l'aigrissaient. Il aimait d'ailleurs une jeune princesse nommée *Boērika*, qu'*Amar Ould Moctar* gardait dans son camp. Aussi, en l'année 1828, le découragement, un peu de légèreté et l'entraînement de sa passion le déterminèrent-ils à traiter. *Amar Ould Moctar* venait de mourir. *Moctar* reconnut la souveraineté de *Mohamet el Abid*, et, abandonnant ses droits et le WALO, passa sur la rive droite avec les Maures de son parti.

Mohamet el Abid le reçut avec un empressement hypocrite et des caresses infinies ; mais il nourrissait, la suite le prouvera, la pensée secrète de se débarrasser, à la première occasion, d'un prince qui avait porté le titre de roi, et qui joignait à une valeur personnelle, qui allait se développer, les droits incontestables de ses aïeux.

En effet, en 1830, *Moctar* se trouvant sur les bords du fleuve, un des hommes de sa suite tua *n'Diak Malivoire*, noir sénégalais, dont le fils a été assassiné, il y a trois ans, presque avec les mêmes circonstances, par *Hamadou Hamat*, ce chef du Fouta dont nous avons parlé. Il existe ainsi des familles marquées du sceau d'une funeste destinée.

Mohamet el Abid fit répandre même à Saint-Louis que *Moctar* était l'auteur de ce lâche attentat. *Moctar* savait l'accusation dont il était l'objet ; mais il pria le roi de rétablir les faits, et de donner au gouverneur les explications nécessaires. Il dut croire, en 1832, que cette affaire était assoupie ; d'ailleurs, fort de sa conscience et voulant venir à Saint-Louis, où il avait été élevé, il alla trouver *Mohamet el Abid*, et lui demanda s'il pouvait sans crainte se rendre au Sénégal ; celui-ci lui affirma qu'il y trouverait bon accueil..............

Moctar se mit en route ; mais, arrivé à Guet n'Dar, il fut saisi par ordre du gouverneur, avec qui *Mohamet el Abid* ne s'était jamais mis en communication au sujet du meurtre de *n'Diak Malivoire*, jugé, condamné à mort le 19 décembre 1832 et exécuté le même jour, à la grande satisfaction du roi des *Trarzas*.

Cette mort consolida le pouvoir de *Mohamet el Abid,* à qui la trahison et l'assassinat ne coûtent rien quand il s'agit d'arriver à ses fins. Cette appréciation de son caractère est justifiée par mille exemples, et, entre autres, par le meurtre d'*Ould Éleïgatt,* son frère, et par le massacre, l'année dernière, du fils et des amis d'*Ould Aïda*, chef de l'Adrar, pendant une entrevue pacifique que *Mohamet el Abid* avait sollicitée, en donnant les assurances les plus formelles de sa bonne foi et de sa loyauté.

Après la soumission de *Moctar,* la guerre continua entre les *Trarzas* et le Walo. Nous avions jusqu'alors refusé de reconnaître *Mohamet el Abid;* mais en l'année 1829 un traité intervint entre nous et lui. De leur côté les gens du Walo recherchèrent la paix, qui fut conclue, sous nos auspices, à Dagana, après une entrevue solennelle entre le roi et les chefs du Walo.

Mohamet el Abid fit à ceux-ci les plus belles promesses, avec l'arrière-pensée, selon les traditions de sa famille, de les violer au premier jour.

En effet, il s'était aperçu depuis longtemps que le Walo serait pour lui et sa nation un voisin fort incommode tant qu'il ne l'aurait pas rangé sous sa domination absolue. La pensée des secours que *Mohamet Elikauri* et *Moctar*, son fils, avaient rencontrés dans ce pays, remplissait son âme d'un vif et profond ressentiment; mais il n'osait démasquer ses intentions en attaquant à force ouverte, car il redoutait notre intervention.

Mohamet el Abid savait parfaitement que, s'il avait besoin du WALO pour étendre sa domination sur la rive gauche et parvenir à nous isoler au milieu de peuples soumis à son autorité; que, si le Walo, dans son plan, devait tout à la fois lui servir de grenier et de voie de communication, nous avions précisément l'intérêt contraire; aussi, pour arriver à ses fins, se décida-t-il à employer une ruse fort habile.

Il y avait alors dans le WALO une princesse de cette branche *tedgiègue* depuis longtemps dévouée aux *Trarzas*. Elle était jeune. Quoique non revêtue de la puissance officielle, elle exerçait, par sa naissance, ses richesses et ses nombreux captifs, une influence qui dominait même la volonté du *brak*. *Mohamet el Abid* se mit à la flatter, à combler de présents les captifs de la couronne, sorte de serfs qui, habitant toujours auprès de leur maître, exercent sur eux cette influence de l'intimité, si décisive sur les affaires, ici et ailleurs.

Quand il eut préparé les voies, il fit répandre qu'il y aurait de grands avantages pour le WALO dans une sorte d'alliance avec le TRARZA, et proposa de la cimenter en épousant le princesse *Guimbott*.

Sur cette ouverture, les hommes du WALO se divisèrent quant au parti à prendre. Les *Sébébaors*, comprenant la pensée secrète de *Mohamet el Abid*, voyaient bien que, le mariage une fois accompli, leur pays allait devenir une province du TRARZA ; qu'ils perdraient, par les effets ultérieurs de cette union, le peu d'indépendance qui leur restait ; aussi s'opposaient-ils énergiquement au projet du roi.

D'un autre côté, les captifs de la couronne, gagnés depuis longtemps, assurés de la faveur et de l'approbation de *Guimbott*, car cette princesse était très-flattée de s'unir au chef d'une race dominante, agissaient avec chaleur en faveur de *Mohamet el Abid*. « Le WALO, disaient-ils, est tombé dans un « état de faiblesse et d'épuisement dont une protec-« tion puissante peut seule le relever. Les blancs « nous ont abandonnés plusieurs fois ; ce sont d'ail-« leurs des commerçants dont les vues se modifient « d'année en année, au gré de leurs intérêts. Leurs « chefs changent si fréquemment, celui qui vient « s'attache si bien à faire le contraire de ce que « l'autre a commencé, qu'il nous est impossible de « compter sur leur assistance. Le roi des *Trarzas*, « au contraire, par lui ou par sa famille, sera tou-« jours à portée de nous secourir, et, d'ailleurs, il « éloignera à tout jamais la branche *dgioss*, en

« perpétuant la puissance dans la branche *ted-*
« *giègue.* »

Ces raisons ébranlèrent les esprits ; depuis long-temps d'ailleurs *Guimbott* était décidée.

A la fin de l'année 1832, *Mohamet el Abid* se transporta à Dagana, et là, sous la volée de nos canons, s'accomplit, avec toutes les solennités usitées en Sénégambie pour les mariages légitimes, une union attentatoire à nos droits et qui compromettait si gravement nos intérêts.

Ce mariage changeait toutes les conditions d'équilibre qui avaient présidé, jusqu'à ce jour, au jeu de notre politique locale ; il donnait définitivement à *Mohamet el Abid* pied sur la rive gauche, une route sûre et commode pour lancer ses bandes de pillards dans le Dimar, le Dgioloff et le Cayor ; il lui fournissait le mil nécessaire à sa nation, et ces pâturages d'une richesse inépuisable que produisent les plaines du Walo et les bords du lac Pagniéfoul.

La situation était critique pour le Sénégal ; le danger apparaissait si nettement que les moins clairvoyants et ceux qui faisaient semblant d'être aveugles durent le reconnaître ; aussi la guerre ne tarda-t-elle pas à éclater, et le gouverneur d'alors dut amèrement déplorer d'avoir, en faisant mettre à mort le prince *Moctar*, suivi les voies étroites d'une justice peut-être impolitique.

Si, en ce moment, nous avions eu *Moctar* sous la main, au lieu de rencontrer pour ennemie la nation *trarza* tout entière, nous aurions pu réveiller l'ambition de l'héritier d'*Elikauri* et le zèle de ses partisans ; ceux-ci furent, au contraire, dans cette lutte, nos adversaires les plus acharnés.

La guerre, conduite d'abord avec mollesse, fut ensuite poussée avec beaucoup de vigueur par un nouveau gouverneur, *M. Quernel*, dont le nom, comme celui d'un brave, restera dans la mémoire des peuples sénégambiens. *M. Quernel* avait, en peu de mois, réduit *Mohamet el Abid* à la dernière extrémité, lorsqu'il fut brusquement rappelé.

Son successeur fit avec *Mohamet el Abid* une paix malheureuse, contre les conséquences de laquelle nous réagissons aujourd'hui. Le roi des Trarzas s'engagea par le traité du 9 août 1835 à respecter le WALO et à ne jamais revendiquer pour les enfants qui pouraient naître de son mariage avec *Guimbott* un droit quelconque à la souveraineté de ce pays : promesses mensongères, auxquelles on eut, sous l'influence de quelques habiles, la bonhomie d'ajouter foi.

A peine *Mohamet el Abid* eut-il eu de *Guimbott* un fils, qui porte le nom d'*Ely*, que son influence sur elle devint irrésistible ; les Maures, à son instigation, traitèrent le WALO en pays conquis. Lorsque les malheureux habitants de cette contrée avaient amassé quelques provisions, élevé quelques bestiaux, le premier Maure venu leur enlevait ces fruits d'un pénible travail; à la moindre résistance, les traitements les plus barbares, l'esclavage et la mort les menaçaient. Les *Sébébaors*, insultés, avilis, se virent privés de leurs anciennes prérogatives; à leur place, des captifs de la couronne, mis à la tête des villages et des cantons, violaient, en opprimant les hommes libres, les coutumes des ancêtres. Aucune plainte n'étant écoutée, ils agissaient avec une audace qu'augmentait encore l'impunité.

Tous les ans les Maures, pour nous braver sans doute, traversaient le fleuve à l'escale même, sous le canon du bâtiment de guerre chargé de la protéger; ils se répandaient partout en bandes nombreuses, enlevaient, au gré de leurs caprices et de leur cupidité, les femmes, les enfants, les bestiaux, les grains, et venaient étaler sous nos yeux le fruit de leurs odieuses rapines. Pour faire traverser le fleuve aux malheureuses femmes ravies à leurs familles par une hideuse violation de toutes les lois divines et humaines, ils avaient l'audace d'emprunter, par une sorte de réquisition, les embarcations de nos traitants. La convention de 1821 disait que toute la gomme que nous achèterions serait traitée à l'escale; cet acte, passé avec les Trarzas, ne regardait qu'eux-mêmes : il n'y était évidemment question que de la gomme produite par la rive droite ; mais les *Trarzas* interprétaient cette disposition dans un sens absolu, et éclataient en menaces quand un Sénégalais achetait sur la rive gauche de la gomme récoltée dans les pays WOLOFFS. Bientôt ils poussèrent l'impudence plus loin ; ils prétendirent que nous devions fournir à leurs agents des moyens de transport pour aller saisir, entre les mains de nos nationaux, la gomme qu'ils avaient obtenue à prix d'argent d'un homme du WALO ou du DGIOLOFF.... Et nous subissions ces exigences !.. elles s'étalaient au grand jour ! Par ces procédés, *Mohamet el Abid*, en agrandissant son prestige, nous humiliait....

Son fils *Ely* devait être, à tout jamais, étranger au WALO ; il n'hésita pas, au mépris du traité, à le faire nommer *brio* (héritier présomptif du *brak*). Lors de l'émancipation des esclaves, il cherchait à attirer, sur un point du WALO, une partie de la population noire de Saint-Louis, engageant ceux qu'il supposait mécontents à venir s'établir, avec leur famille et leurs captifs, auprès de GAË. Il exploitait à notre détriment les appréhensions que la proclamation de la liberté avait fait naître dans le CAYOR ; enfin, il avait eu le talent, pour mieux masquer ses vues et ses tendances, de conquérir les sympathies du dernier gouverneur... Il touchait à son but !

Bientôt nos commerçants n'auraient pu trafiquer hors de Saint-Louis sans sa permission chèrement achetée, lorsqu'il y a deux ans quelques esprits prévoyants se réveillèrent; une vive réaction se manifesta contre un envahissement dont les progrès lents, mais continus, allaient sous peu nous étouffer.

Aujourd'hui la guerre a commencé; elle a pour but final, sans nul doute, d'affranchir définitivement le WALO, de le repeupler, de pousser les anciens et les nouveaux habitants à la culture de ces plaines fertiles, de rejeter les *Trarzas* sur la rive droite et de les y maintenir, dussent-ils s'y dévorer eux-mêmes.

CHAPITRE XXXVI.

Des Darmankours.

Au milieu du pays *trarza* vit, en état de complète indépendance, la tribu des *Darmankours*.

Cette race, dans l'opinion des indigènes, passe pour avoir la première utilisé la gomme. Elle avait, à deux kilomètres de l'escale LAWAR, une escale particulière sur laquelle le roi n'exerçait aucun droit, et dont il n'osait jamais entraver directement les opérations.

Tous ces *Darmankours* sont marabouts; ils jouissent, dans cette partie de l'Afrique, d'une considération universelle. Amis de la paix, ils n'hésitent pas à s'entremettre pour rétablir en tous lieux la bonne harmonie. Leur chef porte le titre de *schems*. Le *schems* actuel est un vieillard à barbe blanche, qui paraît très-dévoué à *Mohamet el Abid.* Après le pillage que les *Zénagas* firent des camps du roi, en 1851, *Schems* se mit en route à peu près seul pour le pays Dowich, et fit si bien, par ses prières et l'autorité de son nom, qu'il parvint à se faire restituer à peu près tout le butin. Au commencement de cette année, lorsque les *Trarzas* devinèrent que les temps de leur insolence étaient finis et que ceux des luttes sérieuses étaient arrivés, ils envoyèrent *Schems* à Saint-Louis pour y étudier non-seulement les dispositions du gouverneur, mais celles encore de certains particuliers de cette ville qui se prétendent influents. Les Maures, en effet, savent parfaitement que les habitudes d'indiscipline de notre population entravent souvent les projets les plus sérieux, les plus utiles et les mieux combinés; ils savent aussi exploiter au besoin, en vue de leurs intérêts, les préjugés religieux des noirs sénégalais; mais *Schems* s'aperçut, cette fois, qu'il perdait sa peine; aussi quitta-t-il précipitamment Saint-Louis, répandant l'alarme parmi les Maures qui habitaient ou fréquentaient la ville, les environs, et jusque parmi les tribus qui campaient depuis longtemps dans le Walo, comme en pays conquis.

Le roi des *Trarzas* ménage beaucoup les *Darmankours* et leurs chefs; car, « c'est un fait avéré « dans l'esprit des musulmans, si la tribu avait quel-

« que grief sérieux, et si en conséquence *Schems*, « se tournant vers l'*Orient*, prononçait contre quel- « qu'un certaines prières dont il possède la formule « de père en fils, elles seraient si efficaces auprès de « *Mahomet*, patron particulier de la tribu, que la « personne maudite mourrait infailliblement dans « l'année... »

On n'ajoute pas si ce serait de mort naturelle.

CHAPITRE XXXVII.

Détails sur la vie privée, communs aux Braknas et aux Trarzas.

§ Ier.

Des naissances.

Lorsqu'une femme est sur le point d'accoucher, on prévient la matrone du camp : c'est une vieille Mauresse chez laquelle l'expérience remplace la science, quelquefois très-avantageusement. Elle ne quitte plus la malade, l'encourage de sa présence, aide au travail, et fait, par de douces paroles, oublier à la patiente une partie de ses douleurs.

Trois jours après la naissance, le père appelle un marabout ; celui-ci, après une courte prière, égorge un mouton, et, en présence des parents et des amis convoqués à cet effet, donne à l'enfant le nom que lui a choisi son père.

Après quoi chacun prend part au repas dont le mouton forme la base. A partir de ce moment, la mère peut sortir, et tout rentre dans l'ordre habituel. Les Maures ne lavent pas le corps du nouveau-né.

---

§ II.

Des mariages.

Quand un homme a trouvé une femme qui lui plaît, qu'il s'est mis d'accord avec elle, ce qui arrive presque toujours à l'insu des parents, il envoie auprès du père et de la mère une députation d'amis pris parmi les plus notables. Le consentement une fois obtenu, et le montant de la dot, que doit fournir le mari, étant fixé, on convient d'un jour pour la cérémonie.

Le moment arrivé, un marabout fait le *tak;* on bat le *tabala* (tambour) de la tribu, pendant que les captifs préparent un grand repas. Les parents, les amis des camps voisins ont été invités. Pendant que les vieillards et les hommes mûrs s'entretiennent avec animation des affaires de la nation ou de leur tribu, les jeunes gens se livrent à la danse et à des simulacres de combat, dans lesquels la poudre n'est pas épargnée. Les *griots*, avant et pendant le repas, improvisent, en l'honneur des époux et de leurs familles, des chants bien autrement harmonieux que ceux de leurs confrères noirs; ces chants sont en vers rimés.

La fête ne dure qu'un jour.

La femme prend possession de la tente, et dispose, sans contrôle comme sans contestation, de tout ce qui appartient au mari. Tel est le respect que la race maure a pour la femme que le mari ne fait rien sans consulter la sienne, et qu'il agit, soit sous la tente, soit au dehors, par les inspirations et sous l'influence absolue de sa compagne.

Dans les guerres, si le vainqueur prend des femmes, il les renvoie sans les outrager.

Tant que le mariage subsiste, la femme est donc à peu près complétement maîtresse chez elle et autour d'elle; mais on ne saurait s'imaginer la facilité avec laquelle ces unions sont rompues.

Sous le prétexte le plus futile, par pur caprice et besoin de nouveauté, les époux se séparent. Si c'est la femme qui veut dissoudre le mariage, elle rend la dot et s'éloigne. Si la rupture vient du mari, il annonce ses intentions, et la femme se retire, emportant la dot qu'elle a reçue.

Ils attachent un certain amour-propre à se marier et à divorcer souvent. « Un homme, disent-ils, « peut user cent femmes. » De leur côté, les femmes, très-flattées quand elles ont successivement contracté plusieurs mariages, se vantent du nombre de leurs maris, et les énumèrent avec complaisance pour prouver combien elles ont été recherchées.

La facilité qu'ils ont de divorcer, leur vie en plein air, à la vue de tout le camp, rend chez eux l'adultère à peu près inconnu. Quand le mari, d'ailleurs, s'aperçoit qu'un homme est amoureux de sa femme, il va au-devant de ses désirs en offrant de la lui céder contre la restitution de la dot.

Un Maure a le droit, conformément à la loi musulmane, de prendre simultanément plusieurs femmes; mais il use rarement de cette prérogative. Ils avouent en effet que deux ou plusieurs Mauresses, épouses du même homme, n'ont jamais pu vivre en bonne intelligence sous la même tente.

---

§ III.

Décès, inhumations.

Quand un membre de la tribu est décédé, on lave son corps, qui est enveloppé ensuite de linges blancs. Un marabout fait une courte prière, puis on procède à l'inhumation.

Les noirs, nous l'avons dit, creusent une fosse et y déposent le cadavre. Les Maures suivent une autre méthode : ils pratiquent bien une large tranchée, mais ensuite, sur un des côtés de cette ouverture, ils en font une autre qui n'a que la largeur du corps. C'est dans cette dernière qu'ils glissent la dépouille mortelle de leur parent. Ils bouchent ensuite l'orifice avec des bois épineux, remplissent la première fosse de ce même bois, et recouvrent le tout de terre. Ils prétendent qu'avec ces précautions les cadavres sont plus sûrement garantis des atteintes des bêtes féroces.

Ils redoutent peu la mort et regrettent très-médiocrement les parents qu'ils ont perdus. Quand on leur annonce la mort d'un chrétien, eût-il été leur grand ami, ils se contentent de dire d'un ton méprisant : *Matt kéffre* (*il est mort, cet infidèle*) ! Telle est, soit dit en passant, l'oraison funèbre réservée à ceux qui, au Sénégal, préfèrent les Maures aux Français.

Après la mort d'un chef de famille, sa femme doit porter le *coussabe* de son mari ; mais rien ne l'oblige à rester dans la case, ainsi que cela se pratique chez les noirs. Elle peut sortir, et, après trois mois et dix jours, convoler à de nouvelles noces, en affirmant qu'elle n'est pas enceinte.

Les femmes ont la tête découverte; elles vaquent ainsi à leurs affaires. Si elles rencontrent un étranger, et surtout un blanc, elles doivent s'envelopper la figure de manière à ne laisser libre qu'un œil ; mais, quand elles sont jolies, elles trouvent bien moyen d'enfreindre la règle.

Les hommes vont toujours tête nue; elle est ombragée d'une véritable forêt de cheveux noirs et bouclés. Ceux de pure race ont le nez droit et légèrement busqué, le front large et saillant, les yeux noirs, bien fendus, très-expressifs, les dents petites et blanches, la bouche bien faite, la physionomie noble, un ensemble de traits enfin qui offre le type arabe pur. Leur teint, quoique légèrement bistré par la vie en plein air et les ardeurs d'un soleil qu'ils sont parvenus à braver impunément, dénote leur origine.

Les enfants ont la tête rasée dès leur bas âge ; ils laissent aux fils de princes ou de guerriers trois touffes de cheveux. Chaque fois qu'en grandissant le jeune Maure est parvenu à tuer un homme dans un combat quelconque, une des touffes disparaît : c'est un déshonneur quand le jeune guerrier n'est pas parvenu à obtenir l'enlèvement de deux de ces ornements.

---

§ IV.

Des successions.

A la mort du père, les enfants jeunes encore sont confiés au fils aîné, s'il est en âge de conduire la maison ; dans le cas contraire, le frère du défunt ou son plus proche parent en demeure chargé. La dernière femme peut demeurer avec la famille et la suivre partout où elle résidera ; mais s'il lui convient de se retirer elle est libre de le faire, en emportant sa dot. Le frère du défunt n'est pas tenu de l'épouser, comme chez les *Woloffs*.

La tente paternelle, objet de vénération pour toute la famille, appartient au fils aîné : c'est la partie la plus précieuse de l'héritage ; aussi est-elle conservée avec un soin religieux.

Tous les fils ont droit à une part égale ; la seule préférence accordée à l'aîné est dans l'attribution de la tente paternelle : prérogative considérable dans l'ordre moral, en ce qu'elle le constitue représentant de la famille et l'investit du crédit qui s'attachait à l'auteur commun.

Les filles n'ont aucun droit : « elles feraient, en se « mariant, sortir de la famille le bien acquis par « le père, et qui doit servir à la maintenir au rang « où le père l'a laissée. » Chez les princes, on leur fait un cadeau dont elles doivent toujours se contenter. Cependant, dans les familles maraboutales, les principes sont moins rigoureux, et, par une sorte de tolérance qui revêt les caractères d'un droit, les filles obtiennent la moitié de la part d'un garçon.

---

§ V.

Des grigris.

Les Maures ont, comme les noirs, une grande confiance aux *grigris*, mais ils ne s'en couvrent pas le corps à profusion ainsi que les *Woloffs*. En temps de guerre, on remarque chez eux une pratique singulière : ils font confectionner *un excellent grigri* par un marabout célèbre, et le confient au plus brave de la troupe. Lorsque l'ennemi est en vue, celui-ci introduit le *grigri* dans son fusil et s'avance le plus possible ; là, il décharge son arme. Ils sont persuadés que la troupe qui a usé du meilleur *grigri* verra, par l'influence du talisman, ses adversaires prendre la fuite.

---

§ VI.

De l'hospitalité chez les Maures.

Ils observent avec une rigueur très-scrupuleuse les lois de l'hospitalité. Quand un voyageur se présente devant un camp, chacun attend, avec une impatiente curiosité, quelle sera la tente qui sera choisie par l'étranger. A peine a-t-il manifesté ses intentions qu'il est accueilli avec joie; on s'empresse autour de lui, tous les habitants de la tente lui offrent leurs services. Il ne lui est fait aucune question. Il est le bienvenu; car « il apporte la faveur de Dieu. » Les voisins félicitent le maître de la tente de ce qu'il a été choisi par l'étranger; ils offrent leurs services, et, si l'hôte n'est pas riche, ils lui apportent des provisions. Au départ, le voyageur est comblé de remercîments. Un Maure qui a la réputation d'être très-hospitalier est tenu en grand honneur dans la nation. Les mœurs de la race arabe, on le voit, sont les mêmes partout; au milieu des vices que nous avons signalés chez ces peuples dégénérés, il nous a semblé juste de faire ressortir certaines qualités qu'altère si profondément la civilisation.

---

§ VII.

Droits divers du roi.

Chez les *Trarzas*, le roi seul a le droit de se revêtir d'habillements entièrement blancs. Le costume de tout le monde se compose d'un *coussabe*, sorte de chemise sans manches, largement fendue sur les côtés, ayant à sa partie supérieure une ouverture circulaire par où passe la tête.

Pour vêtement de dessous ils portent un large pantalon froncé autour de la taille et qui ne dépasse pas le genou : le tout en étoffe de coton. Le bas de la jambe est nu, et les pieds sont chaussés de minces sandales en cuir de bœuf non tanné. Cette chaussure s'attache autour du cou-de-pied par une courroie à laquelle se relie une autre qui est fixée au bout de la sandale, et qui, passant entre les deux premiers doigts, sert à la retenir.

Dans les cérémonies, et quand ils montent à cheval, quelques princes portent des bottes molles en cuir tanné et coloré.

Pendant la saison froide, pour se garantir des atteintes du vent d'est, qui, le matin, est très-piquant, ils jettent sur leurs épaules un large pagne en étoffe de coton; ils s'en couvrent le haut du corps. Quelquefois ce pagne, ou un autre plus léger, est roulé autour de la tête en forme de turban; mais ils restent en général la tête nue, ainsi que nous l'avons dit.

Les princes *trarzas* ont le droit de porter le coussabe blanc, mais ils sont tenus d'avoir le pantalon en étoffe de couleur : c'est ce qui les distingue du roi.

Chez les *Braknas*, au contraire, le roi, les princes, les guerriers peuvent s'habiller à leur guise; ils se servent en général d'étoffe de coton bleue, dite *toile de guinée*, monnaie de la Sénégambie, base de tous nos échanges en rivière.

Chaque tribu possède un *tabala* (tambour) : c'est ordinairement la moitié d'une grande calebasse, de plus d'un mètre de diamètre, recouverte d'une peau de veau bien tendue.

Le *tabala* du roi prend des proportions colossales. Quand il se trouve à la tête de quelque expédition, le roi seul a le droit de faire entendre son *tabala;* on reconnaît sa présence aux sons formidables de son instrument.

Perdre son *tabala* est pour eux un déshonneur

comparable à celui que ressent chez nous un régiment à qui on a enlevé son drapeau.

La tribu se rassemble au son du *tabala ;* quand il survient quelque événement extraordinaire, le *tabala* avertit ceux qui sont éloignés qu'ils doivent rallier le camp. Les chevaux sont si bien dressés qu'ils connaissent le signal et y obéissent toujours.

---

§ VIII.

Leurs usages à la guerre.

Quand le roi commande l'armée, il s'approprie le dixième du butin, en vertu du droit dit de *tabala*.

En toutes circonstances, ce qui a été pris par ses captifs lui appartient ; lorsque ses vassaux directs, ou les hommes auxquels il a fourni un cheval, ont fait quelque capture, il en partage avec eux le montant.

Les prisonniers, s'ils appartiennent à la race maure ou blanche, sont impitoyablement mis à mort : on les mutile avec cruauté; mais ils épargnent ordinairement les noirs, car ils ont toujours besoin d'esclaves. Les femmes et les enfants restent libres, et peuvent se retirer où il leur plaît; jamais on ne les maltraite.

---

§ IX.

Leurs haines héréditaires.

Leur férocité est si grande, ils tiennent si peu compte de la vie humaine, qu'ils tuent leurs ennemis pour le motif le plus léger ; de là des haines qui se perpétuent de génération en génération. Lorsqu'un de ses parents a été mis à mort ou simplement maltraité, le Maure peut bien dissimuler son ressentiment, mais l'idée de la vengeance ne l'abandonne jamais ; il communique sa haine à ses enfants, à ses parents, à ses tributaires et à ses captifs, les excite sans cesse, et n'est heureux que lorsqu'il a rencontré et saisi, par lui ou par les siens, l'occasion de tirer de son ennemi une vengeance éclatante. La famille de la victime suit exactement la même marche ; de là ces assassinats fréquents et impunis qui entretiennent la férocité de la race.

Cet esprit de vengeance, qui demande une énergique répression dans les pays où la loi exerce son empire, est, après tout, chez les nations barbares, courbées sous la domination de la force, le seul moyen un peu efficace de sauvegarder les droits individuels. L'homme est si imparfait, il a une tendence tellement irrésistible vers l'arbitraire, la violence et l'oppression, que, s'il n'est arrêté, dans le développement de ses mauvais instincts, par un frein quelconque, il s'abandonne facilement à leurs détestables inspirations.

Dans les sociétés civilisées, le sens moral, rendu plus délicat par l'éducation, la crainte de perdre certains avantages qu'il tient du milieu où il vit, celle d'un châtiment possible, lequel, outre le mal physique qu'il apporte, entraîne toujours un amoindrissement social, rendent l'homme plus circonspect et plus humain ; la religion, d'ailleurs, en sollicitant sans relâche la conscience, arrive par un exercice prolongé à la rendre si délicate que, vibrant sans cesse, elle amène les hommes, les uns par la crainte, les autres par l'idée pure, à un état de perfection relative. Mais au milieu des déserts, courbé sous le poids d'une nature sauvage, livré à des instincts dont la méchanceté originelle se développe quand elle n'est pas comprimée, l'homme abuse vite de sa force, si, comme contre-poids à cet abus, là où n'existe ni une justice régulière, ni une force sociale permanente, Dieu n'avait pas donné au faible le sentiment plus ou moins intense de sa dignité, ressort qui le fait réagir contre l'injustice, le monde, livré aux forces brutales, deviendrait la proie de quelques-uns, et le reste de l'humanité, enchaîné comme un vil troupeau, verrait la lumière morale, cette émanation de Dieu, l'abandonner tout à fait.

Cependant, mystère incompréhensible, Dieu n'a pas donné cet esprit de résistance à toutes les races. A côté de ces Maures, dont le plus humble se fait respecter des chefs même les plus puissants, nous voyons la race noire, courbée depuis le commencement du monde sous le joug des nations, acceptant avec résignation ses détestables destinées. Ce n'est pas le courage qui manque aux noirs: ils sont braves quand nous les conduisons; mais, une fois livrés à eux-mêmes, ils retombent dans leur craintive apathie. Imprévoyants, sans réaction, au lieu de soulever le poids qui les écrase et de le secouer, ils s'aplatissent sous sa pression. Ajoutons que l'*islamisme* les abaisse dans l'ordre moral chaque jour de plus en plus, en infusant dans les esprits le dogme du *fatalisme*.

Quelle mission plus noble que celle de chercher à relever ces natures dégradées!...

Mais revenons à notre sujet.

Les Maures ont un mépris profond pour les noirs; si un noir possède le moindre objet qui excite leur convoitise, un fusil, un coussabe, un pagne, ils tuent froidement le propriétaire. Ils mettent quelquefois un noir à mort dans le seul but de prouver leur adresse.

Enfin, ils profanent les cadavres de leurs ennemis, les coupent en morceaux, leur arrachent les entrailles, en les accablant de malédictions.

---

§ X.

Idées des Maures sur les Français.

Les Maures ont d'eux-mêmes la plus haute estime; ils se croient sérieusement les hommes les plus braves du monde. Ils ne nous exceptent pas du mépris dont ils enveloppent tout ce qui n'est pas de leur race; ils disent hautement que nous ne sommes qu'un peuple de trafiquants, timides et pusillanimes, ayant la guerre en horreur et incapables d'en supporter longtemps les fatigues et les dangers.

Les rudes leçons qu'ils ont reçues cette année ont dû modifier singulièrement leurs orgueilleuses prétentions.

Quand on leur parle des merveilles de la France, de son étendue, de ses richesses et de sa nombreuse population, ils ne veulent ajouter aucune foi à ces récits; au fond, ils croient que la France est un petit pays qui se procure, *par un pacte avec le diable*, les marchandises que nous apportons ici; que, par contre, nous sommes privés de bœufs, de moutons et de chevaux; que, toujours en vertu du même pacte, livrés à une nonchalance absolue, nous faisons notre paradis de cette terre. « Ces « blancs, nous les voyons, disent-ils, constamment « couchés dans leurs maisons ou dans leurs navires. »

Ils vont plus loin encore dans les vices qu'ils nous imputent; car ils ont accrédité, surtout dans le haut pays, l'opinion que, privés de comestibles, nous nous nourrissons de chair humaine.

Depuis que la traite des esclaves, dont ils étaient les grands pourvoyeurs, a cessé, ils redoutent singulièrement les idées de liberté dont Saint-Louis est aujourd'hui le foyer. Ils craignent qu'à un moment donné leurs esclaves, se révoltant en masse, comme le firent jadis ceux du Kaarta, ne se mettent sous la protection de la France. Pour les détourner de ces idées et conjurer autant que possible ce danger, ils affirment que tous les esclaves venus au Sénégal sont saisis et transportés en France, où on les mange. Cette croyance était si bien enracinée que quelques-uns des noirs que l'on introduisait autrefois à titre d'engagés à temps se privaient de nourriture pendant le voyage, dans l'espoir qu'arrivant maigres et chétifs ils ne seraient pas dévorés les premiers.

§ XI.

De la circoncision.

Pour accomplir le précepte de la loi musulmane qui oblige tout sectateur de Mahomet à se faire circoncire, les Maures agissent sans grandes cérémonies.

Ils pratiquent l'opération lorsque l'enfant est parvenu à l'âge de huit ou dix ans. On choisit pour y procéder un temps bien sec ; ils affirment que, sous l'influence de cette température, la guérison est beaucoup plus prompte.

Quand le moment est venu, l'enfant, dépouillé de ses vêtements, est saisi et assujetti fortement, puis on pratique les incisions voulues. La plaie est ensuite lavée avec de l'urine de brebis et saupoudrée avec des excréments de chèvre calcinés et pulvérisés. Huit jours de traitement complètent la guérison.

Les femmes sont soumises à la circoncision.

Un homme qui refuserait de subir l'opération serait regardé comme un infidèle et expulsé à tout jamais.

Chez les noirs, la cérémonie est beaucoup plus compliquée.

Un mois avant l'opération, la famille se prépare; les amis viennent visiter le patient; chacun l'encourage et exalte son amour-propre; les *griots* font souvent retentir à ses oreilles les éloges des braves qui ont montré de l'énergie dans la circonstance où il se trouve lui-même. Lui se fait peu à peu une résolution; il jure qu'il sera ferme, qu'il méprise la douleur, qu'il ne se déshonorera pas en manifestant de la crainte.

Cependant, si la famille du futur circoncis jouit de quelque aisance, sa mère doit lui préparer un *coussabe* dont la matière aura été filée de ses mains et tissée sous ses yeux.

Le jour de la cérémonie, les familles intéressées et les curieux se réunissent au *pench* : le marabout prononce une prière; puis chaque patient est conduit dans la case de son père. Des hommes experts dans ces sortes d'opérations vont de case en case... Lorsque tout est fini, les circoncis sont amenés hors du village et placés dans une grande case que les familles ont construite à frais communs; on les y enferme sous la direction d'un individu qui prend le titre de *bootal*.

Celui-ci a pour mission de veiller attentivement sur eux, de ne les abandonner jamais; sans cette précaution, « de mauvaises pensées pourraient germer dans leur esprit et les démons envahiraient « leur corps. »

Les jeunes circoncis élisent un chef qui porte le nom de *lambdou:* c'est ordinairement le fils d'une famille riche, celui aux besoins duquel on pourvoira le plus largement. Le moins âgé d'entre eux, le *tok*, a une mission spéciale : il est chargé de déguster les mets au moment où le repas est servi. Un nouveau circoncis ne peut se rendre seul dans un lieu solitaire; le *bootal* est tenu de l'accompagner.

Pendant leur retraite, il est défendu aux circoncis de se mettre en contact avec l'eau, même pour se laver les mains.

Ces jeunes gens ont de nombreux priviléges, pendant qu'ils sortent sous la conduite du *bootal*, s'ils viennent à rencontrer une femme, et surtout une jeune fille nubile, ils peuvent impunément la frapper et même la dépouiller de ses vêtements. Si celle-ci veut rentrer en possession de ses hardes, elle doit les racheter en offrant un mouton ou tout autre comestible. S'ils trouvent sur le chemin quelque animal domestique, ils le tuent ou se l'approprient sans que personne soit admis à s'en plaindre. Aussi, à l'époque de la circoncision et dans la période qui la suit, chacun éloigne-t-il ses bestiaux et reste-t-il enfermé dans sa maison.

Lorsque la guérison est accomplie, les circoncis ne doivent abandonner leur case qu'en observant certaines pratiques. Ainsi, leur réclusion finit toujours un vendredi. Dans la nuit qui précède leur délivrance, ils mettent le feu à la case qui leur a servi de refuge et se transportent dans celle du *bootal*. Au point du jour ils procèdent, non sans besoin, à une ablution complète, se rasent la tête et le visage, mettent des vêtements neufs, et retournent chez leurs parents.

Les vêtements qu'ils ont portés pendant leur claustration appartiennent au *bootal;* mais ils peuvent les racheter, et ils le font ordinairement, car ils conservent avec soin ces preuves de leur passage à l'âge viril.

Le jour même commencent des fêtes interminables : les circoncis se promènent par tout le village, couverts d'oripaux de diverses couleurs et portant sur la tête une espèce de casque couvert de paillettes.

Rien ne saurait donner une idée des poses indécentes, des contorsions obscènes auxquelles ils se livrent. Ils ne se gênent pas pour étaler, à grand renfort de *tamtam*, leurs turpitudes, même dans les rues de Saint-Louis. Les femmes, les jeunes filles les suivent, battant des mains, et racontant, dans un langage ignoble, les détails de la cérémonie.

A partir de cette exhibition publique, le circoncis prend rang parmi les hommes; il peut se marier, aller à la guerre, servir de témoin, etc., etc.

Sur toute la rive gauche la circoncision a lieu lorsque le jeune homme a atteint l'âge de quinze ou seize ans. Cependant, dans le royaume de SINN, la cérémonie ne peut se faire que dans l'année où meurt un roi, de sorte qu'on voit souvent le père et le fils subir l'opération à la même époque. Il y est rigoureusement défendu de sortir du pays pour se livrer à un opérateur étranger; celui qui violerait cette règle serait indubitablement chassé du SINN.

La race *wolowe* ne soumet pas les femmes à la circoncision; mais le FOUTA, les *Puelhs*, les *Sarracolets* et les *Bambaras* suivent la pratique des *Maures*.

---

§ XII.

Habitations et voyages des Maures.

Les Maures, nous l'avons dit, sont des peuples nomades; ils errent, sur un territoire donné, de station en station. Chaque tribu a un canton qu'elle parcourt tous les ans, épuisant successivement les pâturages qu'il a produits.

Cette vie vagabonde, qui ne se remarque avec cette persistance que dans la race arabe, les force à habiter sous des tentes, abris mobiles se déplaçant au gré des besoins ou des caprices de la tribu.

Ces tentes, d'un tissu épais, résistant, capable de garantir des ardeurs du soleil et des perturbations de l'atmosphère, sont confectionnées avec le poil de leurs chèvres, des chameaux et des moutons. Dans nos parages les moutons n'ont pas de laine.

Les plus pauvres des tributaires et leurs femmes filent ces matières et les tissent en laizes de quarante centimètres de largeur environ; on réunit ces laizes pour confectionner la tente.

Une tente de pareille étoffe dure cinq ou six ans. Bien tendue, elle est imperméable.

Le nom de la tente, en arabe, est *kraïma ;* en *woloff, berkélé*. Les noirs, qui, dans tous les temps, ont vu dans les Maures les tyrans de leur race, disent en parlant de la tente : *Berkélé emboull gorr, une tente n'abrite rien d'honnête;* mais ils ajoutent de suite : *Loull narrou gour betchié bountou ba, si ce n'est le cheval qui est à la porte.*

La tente extérieure, confectionnée avec l'étoffe dont nous venons de parler, en recouvre une autre en peau de mouton tannée et colorée; celle-ci est carrée : son nom est *farowa*. Les familles aisées établissent dans l'intérieur du *farowa* des compartiments au moyen de peaux; celles qui ne peuvent avoir ces peaux à leur disposition font ces divisions au moyen de nattes solides en joncs très-petits, reliés entre eux par des cordons de cuir. Une grande natte en roseaux épais et mous, appelée en *woloff tassarente*, jetée sur un amas de paille, couvre le sol et sert de lit à toute la famille.

Quand il est devenu nécessaire de décamper, le chef de la tribu convoque les chefs secondaires; cette réunion a toujours lieu pendant la nuit. Ils conviennent du lieu où la tribu ira s'établier. A l'heure du départ, les conducteurs des troupeaux reçoivent l'ordre de les diriger vers le point fixé; dès que le jour commence à poindre, le *tabala* avertit la tribu qu'on va lever le camp. Aussitôt chacun se met en mouvement; là où régnait un silence profond, une activité extraordinaire se manifeste; les hommes, les femmes, les captifs et les enfants s'agitent et circulent pour accomplir la tâche dévolue à chacun. Les tentes tombent, elles sont soigneusement pliées; les provisions, les étoffes, les valeurs précieuses, les divers ustensiles sont réunis et enfermés dans des sacs de cuir appelés *tizziat*. Le tout est placé sur les bœufs porteurs, animaux à bosses, doux, familiers, d'une race particulière, admirablement dressés, et conduits au moyen d'un anneau qui traverse la lèvre supérieure. Les chameaux, les ânes reçoivent leur fardeau; les enfants, les femmes prennent place sur ces montures ou marchent à pied. A un nouveau signal la caravane s'ébranle. Rien de plus pittoresque que ces troupes innombrables d'hommes et d'animaux cheminant à travers le désert, défendues et surveillées, le long des ailes, par des hommes armés, et cherchant, sous les rayons d'un soleil ardent, un asile nouveau.

On arrive enfin au lieu désigné. Chacun s'empresse; l'emplacement du camp (*marrsar*) est tracé. La tente du chef occupe le centre; chaque famille s'établit au point qui lui paraît être à sa convenance. Aussitôt on dresse la tente, travail très-pénible : les étoffes étant déployées, on enfonce dans le sable un grand piquet ; à ce point d'appui central s'articulent deux autres bois qui s'appuient à terre par l'extrémité opposée. Sur cette carcasse est placée l'étoffe : ainsi étendue, elle ne touche pas encore la terre, mais on l'amène jusqu'au sol en la roidissant de tous côtés et en l'y fixant au moyen de chevilles. Une ouverture assez basse est ménagée pour servir de porte. Le mobilier et les ustensiles sont renfermés ; puis on s'occupe du *farowa*. Lorsqu'ensuite on a construit, à proximité, des huttes en paille pour le logement des captifs et la cuisson des aliments, tout rentre dans l'ordre habituel. Une vie nouvelle commence ; elle dure jusqu'à ce que l'épuisement des pâturages force encore une fois la tribu à changer de demeure.

Il arrive quelquefois qu'une maladie épidémique (la variole, la rougeole) se déclare dans le *marrsar*. L'individu qui en est atteint est aussitôt conduit, de gré ou de force, dans une case isolée ; personne ne peut l'y visiter ni y séjourner avec lui ; on dépose la nourriture à la porte. Le malade vit seul, jusqu'à ce que sa mort ou une guérison bien constatée ait mis fin aux appréhensions de ses voisins.

Chez ces Maures, on le voit, les sentiments de charité et de dévouement sont parfaitement inconnus. C'est là un des tristes effets de cette religion musulmane, sous l'empire de laquelle l'homme, dominé par le dogme du fatalisme, s'abandonne naïvement aux inspirations de l'égoïsme le plus révoltant.

Aux premières pluies, c'est-à-dire en juin, les Maures commencent à abandonner les bords du fleuve, et se retirent provisoirement sur les dunes voisines. En effet, les pluies, qui. aidées du soleil, mettent en fermentation les innombrables germes recélés par la terre, font éclore des myriades de mouches et de moustiques, fort incommodes aux hommes et très-nuisibles aux animaux. Jusqu'à ce moment, et pendant toute la saison sèche, les Maures ont vécu aux dépens, ou à peu près, des noirs qui habitent l'une ou l'autre rive; ils se sont gorgés de viande ou de mil achetés ou volés, plus souvent volés qu'achetés; mais, vers la fin de juillet, lorsque le fleuve, grossi par les pluies tombées dans les régions de l'est, où il prend sa source, est sur le point de déborder, ils se disposent à quitter définitivement ses rives et à gagner l'intérieur. C'est alors qu'ils s'occupent de faire leurs provisions pour l'hivernage. Quand ils ont vendu leurs gommes, ils ont reçu en échange du mil, des tissus imprimés, de la toile bleue dite *guinée*, du tabac, du sucre, du papier, des fusils, de la poudre, des balles, du riz et des biscuits. Ils vont partir..... C'est le moment que les malheureuses populations riveraines redoutent le plus; car, sur leur route, ces bandits font main basse sur tout ce qu'ils rencontrent; tout leur est bon... Et quand celui qui a été victime de ces déprédations élève quelque réclamation, le Maure, s'il ne le maltraite pas, répond d'un ton railleur qu'il payera à son retour.....

Les tribus de princes se retirent à des distances très-éloignées, dans des lieux élevés, sans nul doute, car ils prétendent qu'il y règne une agréable fraîcheur et que les fièvres y sont inconnues ; ils appellent ces contrées le pays des chameaux, par opposition aux bords du fleuve, où ces animaux, harcelés par les mouches et les moustiques, ne tardent pas à dépérir et à succomber. Il est, en effet, certain que ces quadrupèdes ne peuvent s'acclimater ni à Saint-Louis, ni sur les rives du Sénégal. Quand une caravane pousse jusqu'à Guet n'Dar, et que les hommes veulent faire parmi nous quelque séjour, les chameaux sont renvoyés de suite à cinq ou six lieues, dans un endroit aéré, aussi éloigné que possible des bords du fleuve.

Pendant l'hivernage, les Maures mangent très-peu de viande : ils pensent qu'en cette saison la nourriture purement animale est nuisible à la santé; ils consomment, par contre, beaucoup de lait et de mil; mais, malgré leur sobriété, ils ont toujours épuisé avant l'époque de leur retour la provision de céréales qu'ils avaient faite ; dès lors ils doivent se contenter de lait; leurs chamelles, dont le lait est par eux préféré à celui des vaches, en fournissent une grande quantité.

Cependant il ne se passe guerre d'année qu'ils ne souffrent de la faim ; aussi est-ce avec joie qu'ils voient arriver le moment où, revenus sur les bords du fleuve, ils pourront, au milieu d'une abondance peu coûteuse, oublier leurs privations.

Pendant qu'ils habitent l'intérieur, quelques-uns se livrent à la chasse. C'est pendant la saison des pluies qu'ils dressent des embûches à l'autruche, et se procurent ces belles plumes dont le prix est assez élevé, même à l'escale.

Les princes *zénagas* ont une manière particulière de chasser l'autruche. Les provisions devenant rares, ils se réunissent en troupe; quand ils ont dépisté une autruche, ils la poursuivent à cheval jusqu'à ce qu'ils l'aient forcée; lorsqu'elle tombe haletante, ils lui coupent la tête. Ce que nous avons dit de la vitesse de leur chevaux n'est point, on le voit, exagéré. Ils prétendent que la chair de l'autruche est très-saine.

Ces chasses durent souvent deux mois.

Un Maure peut rester plusieurs jours sans boire ni manger; ils voyagent en général presque sans provisions : quand la faim les tourmente trop, ils se serrent l'estomac avec une lanière de cuir dont ils augmentent la tension à mesure que leur faim se développe. A leur retour sur les bords du fleuve, vers le mois de novembre, s'ils peuvent se glisser dans quelque navire et qu'ils y trouvent un patron complaisant, on est profondément étonné de voir la quantité d'aliments ou de liquide qu'ils peuvent absorber... Nous avons vu souvent des Maures engloutir jusqu'à trois litres d'eau sucrée.

Les princes, à l'escale du moins, ne se servent que de sucre raffiné; pour les autres on se contente d'édulcorer l'eau avec une mélasse grossière.

Tant qu'un Maure mange, il ne boit jamais; il ne le fait qu'après avoir dévoré tout ce qui lui a été servi. Cette pratique est observée par les noirs.

Ils ont les facultés digestives d'une activité étonnante : après un intervalle d'une heure, un Maure peut faire un nouveau repas. Leur voracité ne peut se comparer qu'à la sobriété dont ils donnent forcément des preuves dans certaines circonstances.

Quand un Maure est à l'escale, il demande à tout le monde; il le fait avec une persistance qui vient de son insolence : il est très-persuadé, en effet, que nous sommes les tributaires de sa nation, et que la *coutume* payée, soit par le gouvernement, soit par les traitants, est une reconnaissance annuelle de notre état de sujétion. Quand il ne parvient pas à obtenir de haute main ce qu'il désire, il devient souple, offre ses services, accable d'éloges, espérant obtenir par la ruse ce qui a été refusé à son audace. S'il est encore refusé, il cherche à contracter un marché de gommes à livrer après la récolte; et, nous devons le reconnaître, s'il parvient enfin à se procurer quelques avances, il tient assez fidèlement sa promesse. Il n'en est pas de même si, à la fin de la traite, il obtient quelque crédit sur les produits de la future campagne ; dans ce cas on ne le voit plus, et il s'arrange pour faire vendre par un ami la gomme qu'il a pu ramasser. Ces déboursés imprudents ont souvent compromis la fortune de certains traitants. L'autorité les avait interdits; mais par quel moyen coërcitif vraiment efficace arriver à détruire de pareilles pratiques?

---

§ XIII.

De la récolte de la gomme.

Sur la rive droite se trouvent un certain nombre de forêts dont personne ne connaît l'étendue ; plusieurs ont dit les avoir visitées ; mais, en supposant qu'ils les aient aperçues, ce qui n'est pas bien démontré, on peut affirmer que jamais ils n'ont pu les explorer en détail.

Nous aurions pu, comme d'autres, nous lancer dans une narration descriptive des forêts de gommiers ; mais l'exactitude rigoureuse que nous nous sommes imposée nous fait une loi de déclarer que notre récit est seulement la reproduction des renseignements recueillis de la bouche des Maures et de leurs captifs.

Une forêt de gommiers s'appelle *krabba* : c'est un lieu sacré que personne n'oserait dépouiller d'un arbre ou d'une branche.

La première récolte des gommes commence vers la fin d'octobre.

Lorsque les pluies ont cessé, que le vent d'est ou *harmattan* indique le renversement de la saison, l'arbre à gomme, *hérouwaï,* dont la séve est en mouvement, éprouve de suite l'influence des brises chaudes; de son écorce profondément gercée découle la gomme. L'*harmattan*, qui a provoqué sa sortie, vaporise les parties aqueuses, et, le suintement continuant, il en résulte une excroissance qui revêt la forme d'une boule; sa grosseur varie en raison de la surabondance de vigueur dans l'arbre. La gomme n'est donc pas le produit maladif d'un arbre dont la vitalité a reçu une atteinte, ainsi qu'on l'a avancé; elle est l'effet très-simple d'une cause naturelle.

La nation qui possède une ou plusieurs *krabba* a le droit de les exploiter librement. Les princes, les guerriers, les marabouts, les tributaires, tous peuvent, à un titre égal, prendre leur part dans la richesse commune : la gomme appartient à celui qui l'a conquise en la détachant.

Sur la lisière de chaque forêt se trouvent un ou plusieurs puits ; c'est là que s'établissent ceux qui veulent exploiter la forêt; ils y bâtissent à la hâte quelques huttes qui servent de magasin et d'abri.

Les huttes construites, chacun se répand dans la forêt. C'est un rude labeur, car les lianes, les arbrisseaux épineux, qui abondent, causent à ceux qui veulent atteindre aux arbres des peines infinies et des blessures douloureuses. Cependant il faut avancer : le maître est stimulé par les besoins de sa famille et l'amour du gain ; le captif, par la faim et la crainte des châtiments.

Chacun est armé d'un long bâton dont un bout est recourbé en forme de croc; ils s'en servent pour détacher les boules adhérentes aux branches élevées.

Quand le travail se fait dans un rayon peu étendu, et qu'au milieu du jour on peut, sans perdre trop de temps, revenir auprès du puits, le travailleur n'emporte qu'un petit sac de cuir dans lequel les boules sont renfermées; si, au contraire, la lisière de la forêt a été exploitée, s'il faut que les explorateurs s'enfoncent au loin, ils emportent, enfermée dans un autre sac, une petite provision d'eau; mais jamais le maître ne souffre que son captif soit muni d'aliments. Il le stimule par ce moyen à faire d'actives recherches, à récolter le plus possible, en l'alléchant par l'espoir, souvent trompeur, d'un bon repas au retour.

Si le malheureux captif, exténué par la faim et par une chaleur bien plus brûlante sous le couvert qu'en plaine, n'a pas le soir rempli la mesure exigée; si la faim qui le dévore l'a poussé à manger la gommée trouvée, il est frappé à outrance. On le tient ainsi courbé sous les coups, la terreur et la faim, jusqu'à ce qu'un hasard heureux, ou la charité de ses frères, plus favorisés, lui ait permis de satisfaire à l'avidité d'un maître impitoyable.

Quand la récolte est finie, la forêt est abandonnée, et chaque Maure se met en route, non pas vers l'escale, mais pour son camp. Il se garde bien de montrer de suite le produit entier de la récolte; il faut qu'en alléchant le traitant par la vue d'une partie de la denrée et l'espoir de conclure un marché important, il puisse l'exploiter à son gré; il faut surtout qu'en vendant par quantités fractionnées il se fasse fournir un ou plusieurs repas pour lui et pour ses gens, qu'il arrache quelques cadeaux (salam), enfin qu'il profite le mieux possible du besoin absolu qu'il nous suppose de cette denrée. Il se promène ainsi de navire en navire, étudiant les physionomies, et devient d'autant plus exigeant qu'il trouve quelque facilité à vendre cher. Il ne conclut jamais qu'à la dernière extrémité; car, «plus ils différeront de livrer leur gomme, plus les blancs, à « qui elle est indispensable en France, où, sans cette « denrée on meurt de faim, en donneront un prix « élevé.»

Les Maures débitent, au sujet de la gomme, les fables les plus incroyables : les uns croient et disent avec assurance que nous possédons un secret pour la transformer en or ; d'autres, qu'elle forme la base de l'alimentation des princes : idées absurdes, sans doute, mais que l'imprévoyance et la témérité de nos traitants ont fait naître. Rien en effet ne saurait peindre l'avidité avec laquelle ils se jettent sur la gomme : possesseurs d'une cargaison achetée à crédit, ils ne calculent rien, ni leurs frais, ni les sommes qu'ils doivent payer au retour. Il leur faut de la gomme ; s'ils revenaient sans gomme, ils ne seraient plus de véritables traitants..... En subissant les exigences du Maure, ils ont, à n'en pas douter, une idée confuse du déficit auquel ils s'exposent... mais, après tout, le prix de la denrée augmentera peut-être en France, et par suite à Saint-Louis ; et puis, le bailleur de fonds attendra, il faut l'espérer, le résultat de la campagne suivante. Une bonne année surviendra...... En fin de compte ils achètent à tout prix...... C'est par ces belles pratiques qu'ils sont arrivés tous, ou presque tous, à une ruine à peu près complète.

---

§ XIV.

De la justice chez les Maures.

Leur seule loi est le *Koran*, plus ou moins bien compris; ses règles sont toujours appliquées par un marabout. Au fond, la justice n'a chez eux aucune force, et elle ne s'exerce que sur des intérêts de très-mince importance. Le Maure qui a quelque crédit ne connaît aucun frein; aussi ne se gêne-t-il en rien pour se livrer à tous les excès que lui suggèrent ses caprices. Le roi, chef féodal, est impuissant, dans la plupart des cas, à prévenir ou à réprimer les écarts d'un sujet qui se sait à l'abri de tout contrôle quand il se sent fort.

En résumé, chez ce peuple, comme dans toutes les agglomérations de barbares, la force est l'objet du respect de tous. Si un homme joint à une origine un peu relevée une force quelconque, basée sur la richesse ou le développement musculaire, il sera universellement considéré. Les débris de la force morale se sont réfugiés dans les castes sacerdotales;

encore sont-elles obligées d'en user avec des ménagements infinis.

Cette idée de la prééminence des forces extérieures sur tous les principes moraux est si bien enracinée dans leur esprit qu'ils l'expriment naïvement par l'apologue suivant. « Si le Mensonge, « disent-ils, pénètre sous une tente, il va s'asseoir « sur le lit et en prend possession; pendant qu'il « triomphe, si la Vérité se présente, le Mensonge « s'empresse de quitter la place d'honneur, et, ébloui « par l'éclat de la Vérité, s'abaisse devant elle. Mais « si la Force arrive, elle envahit tout, et le Mensonge et la Vérité s'enfuient en poussant des gémissements. »

---

§ XV.

Divers métiers des Maures.

Il existe chez les Maures des ouvriers en métaux, des cordonniers et des *griots*.

Le nom des ouvriers en métaux, connus au Sénégal sous le nom de forgerons, est *addatt*.

Parmi ceux qui se livrent à cette industrie, il en est d'une habileté remarquable. Ils travaillent tour à tour le fer, l'acier, l'or et l'argent; ainsi, ils réparent les armes, font des poignards, des étriers, des mors, des haches, des chaînes et des chapelets. Ils passent du travail le plus grossier à des œuvres d'une délicatesse qui produit vraiment l'admiration quand on voit les instruments qu'ils emploient; certains ouvrages en filigrane témoignent de leur patience et de la délicatesse de leur touche.

Les femmes de ces sortes d'artistes ont le monopole du travail des cuirs; de sorte que, chez les Maures, il n'existe en réalité que des cordonnières; leur nom est *addadiia :* seules elles peuvent tanner, préparer et colorer les peaux, confectionner les tapis assez précieux (*tiougou*) faits des dépouilles des moutons morts-nés, et ces intérieurs de cases (*farowa*) dont nous avons parlé.

Au lieu de psalmodier, comme les noirs, d'une voix plus ou moins enrouée par l'alcool, des paroles dont le sens est très-difficile à saisir, leurs *griots* sont de véritables artistes : hommes (*higuive*) et femmes (*vérékane*) de cette caste composent, en improvisant et en s'accompagnant d'un violon, des chants rimés auxquels leurs compatriotes sont très-sensibles.

On a vu des Maures tellement enthousiasmés par ces chants que, les yeux remplis de larmes, ils se dépouillaient de leurs vêtements et ornements pour récompenser un talent qui les électrisait.

Il est avéré qu'au moment de la bataille les chants des *griots* excitent et entretiennent l'ardeur des combattants ; certains traits d'audace n'ont souvent été déterminés que par l'espoir de voir un poëte prendre le fait et son auteur pour sujet de ses improvisations.

Quelques-uns de ces *griots* ont laissé, chez les *Trarzas* surtout, un nom célèbre ; ainsi *Ely Ould Boïka*, doué d'une belle voix, d'une riche imagination et d'un talent poétique réel, jouissait d'une considération universelle; il avait su acquérir une liberté d'allures qui lui permettait de parcourir le pays et d'être bien reçu partout. Passionné pour son art, plein de dédain pour la politique, il ne se gênait pas pour venir, quoique attaché à *Amar Ould Moctar,* dans le Walo, auprès de *Mohamet Elikauri;* celui-ci lui faisait des présents considérables.

Les *griots* mènent une vie heureuse; leurs chants sont toujours libéralement rémunérés; vêtus d'habits magnifiques, chacun les caresse, et personne n'oserait les maltraiter.

Les princes eux-mêmes se piquent d'aimer et de cultiver la poésie; c'est ainsi que *Moctar,* celui qui fut mis à mort au Sénégal, avait la réputation d'un poëte de talent. Lorsqu'il habitait Faff avec son père, il composa plusieurs chants; un, entre autres, où il exprimait sa passion pour *Boërika,* dont nous avons parlé, revenait souvent sur ses lèvres; il avait pour refrain ces deux vers que nous sommes forcé d'écrire avec l'orthographe française :

Li mashi gall Ely ould Boïka
Kan y gueudre enfani fi Boërika.

O toi qui pars, dis à *Ely ould Boïka!*
S'il le peut, qu'il m'aide auprès de Boërika.

Les individus des castes dont nous venons de parler ne se marient qu'entre eux; ils sont toujours considérés comme d'un rang subalterne. En effet, ils comptent tous parmi les tributaires; ainsi chaque famille de *griots* ou de forgerons vit en état de vasselage sous la protection d'un prince.

Les *griots* et les forgerons, les premiers surtout, ne sont occupés qu'à voyager de tribu en tribu; la guerre n'arrête pas leur ardeur de pérégrination. Ils sont bien reçus partout : il est vrai qu'ils chantent avec le même entrain pour tous les partis... Les poëtes ont l'imagination si riche!....

Les Maures comptent des hommes qui s'occupent de l'art de guérir. La médecine n'est pas pour ceux-ci une profession habituelle; mais celui qui a quelque réputation n'a guère en réalité le temps de s'occuper d'autre chose, car les malades affluent autour de lui. Ils emploient des procédés et appliquent des formules qui se sont transmises de génération en génération. Quoiqu'ils ne pratiquent jamais d'opérations chirurgicales, on prétend qu'ils traitent les blessures avec succès.

CHAPITRE XXXVIII.

Passé, Présent et Avenir de notre colonie.

§ Ier.

Passé et Présent.

Nous avons parcouru le cadre dans lequel nous avions, dès le début, circonscrit nos recherches. Sans doute nous aurions pu nous appesantir davantage sur certaines particularités, rechercher, avec plus ou moins de succès, le pittoresque, le dramatique et l'imprévu, inventer des situations et donner comme authentiques des détails hasardés ; nous ne l'avons pas fait, car notre prétention est modeste, et nous n'avons voulu qu'une chose : esquisser un livre offrant quelque utilité à ceux qui voudront avoir de cette colonie une connaissance un peu exacte.

Revenus à SAINT-LOUIS, nous allons jeter un nouveau regard sur sa population, et chercher à démêler les causes de sa misère. Qu'on daigne nous pardonner la franchise de nos idées et de nos paroles.

Certes, la France a été généreuse pour sa colonie; elle a, depuis la reprise de possession, dépensé pour le Sénégal des sommes énormes; il n'est pas de sacrifices qu'elle ne se soit imposés pour pousser le pays dans une voie de progrès; et cependant la colonie s'éteint!..... A quelles causes faut-il rattacher cet état de dépérissement par trop évident? Elles sont multiples.

Une de ces causes résidait dans les changements fréquents de gouverneurs : *nous en avons vu dix-neuf, titulaires ou intérimaires, depuis le mois de décembre* 1840. Mais pourquoi, dira-t-on, ce haut fonctionnaire reste-t-il si peu de temps en exercice? Serait-ce parce que le Sénégal est ingouvernable?

Sans doute le gouvernement de ce pays est difficile, au double point de vue des hommes et des choses; mais cette difficulté n'est pas le motif réel de la mobilité des chefs de la colonie.

Le haut fonctionnaire qui, sous le titre de gouverneur, représente, dans les établissements d'outre-mer, l'autorité souveraine, sort presque toujours du corps des officiers de vaisseau.

Les officiers de la marine impériale sont des militaires intrépides ; ils ont porté et ils porteront toujours haut et ferme le glorieux drapeau de la patrie ; personne plus que nous n'honore leurs éminentes qualités et leur rare distinction ; mais nous oserons le dire, parce que cela est vrai : les principes d'administration et d'organisation civiles sont complétement étrangers à leurs études, à leurs pratiques habituelles. Ils n'ont donc que peu d'attrait et de compétence pour des travaux non militaires, et, s'ils acceptent les gouvernements coloniaux, les sollicitent souvent, c'est, les uns, à titre de consolation de la non-obtention d'un grade, d'autres pour attendre un grade promis... Aussi, lorsque leurs vœux sont réalisés, se hâtent-ils d'abandonner ces positions transitoires, auxquelles rien ne les attache.

Encore s'il ne s'agissait que des colonies de l'ouest; elles sont arrivées à un point où il suffit d'assurer à leurs habitants les bienfaits et les garanties d'une bonne police. Tout homme intelligent et un peu énergique, secondé par d'habiles chefs d'administration, peut suffire à cette tâche. Mais pour administrer un pays comme le Sénégal, il faut, des mœurs et des institutions locales, une connaissance qui ne s'improvise pas.

Quand, de Saint-Louis, siége du gouvernement, l'autorité doit faire sentir son bras à des distances très-considérables; agir et faire agir dans des directions diverses; ménager des intérêts qui se combattent; calculer, pour le succès d'un plan, sur des sympathies et des antipathies de races; pénétrer ces avidités individuelles qui se cachent si habilement sous le beau masque de l'intérêt général; diriger, sur une étendue de plus de trois cents lieues, une politique qui, pour être efficace, doit tenir compte de mœurs, de préjugés, de fanatismes et de prétentions très-compliqués, comment admettre qu'un homme, même très-capable, étranger la veille au pays, puisse se placer avec fruit à la tête d'une administration aussi vaste ?

Sans doute, si le gouverneur qui survient voulait consacrer quelques années à l'œuvre qu'il entreprend, il parviendrait, par une application assidue, à s'initier aux difficultés locales; mais l'expérience nous a malheureusement démontré que la moyenne de séjour d'un gouverneur était de neuf à dix mois; de sorte qu'il nous quitte au moment où il commençait à comprendre la langue des affaires sénégalaises.

Si nous avons eu l'heureuse chance de rencontrer, parmi nos gouverneurs, quelques administrateurs réellement distingués, c'est qu'ils connaissaient déjà le pays avant d'être investis du pouvoir de l'administrer. Tel a été, par exemple, et le premier de tous, M. *le comte Bouët-Willaumez*, dont les vues étaient larges et solides ; mais il ne voulut conserver l'autorité effective que du mois de février 1843 au mois d'avril 1844. Dans cette trop courte période, son esprit éminent avait deviné (les considérants de son arrêté du 1er avril 1843 en font foi) la voie dans laquelle il fallait introduire le pays : sa main énergique l'y aurait lancé ; mais le temps lui manqua, comme il a manqué à M. le *comte de Gramont*, qu'une mort prématurée enleva à nos sympathies.

Nous venons de signaler une des causes du mal qui ronge le pays ; avant d'indiquer les autres, il faut, pour exposer la situation avec quelque ensemble, reprendre les choses de plus haut.

Quand, en l'année 1817, la France reprit possession du Sénégal, elle trouva à Saint-Louis une population libre très-restreinte. Quelques chefs de famille de la race intermédiaire y étaient en possession de l'influence et de la richesse. Courtiers entre les peuples de l'intérieur et les négociants européens établis au chef-lieu, en relations continuelles avec les premiers, ils avaient persuadé à ceux-ci que la conduite des choses politiques en rivière appartenait aux traitants ; que le gouverneur devait, dans cet ordre d'idées, se déterminer par leurs inspirations. Ces erreurs étaient si bien enracinées dans l'esprit des chefs riverains, raisonnant par analogie avec ce qui se pratique chez eux, que, *jusqu'à cette année*, ils adressaient leurs lettres d'affaires *au gouverneur et aux chefs du Sénégal*.

Tant que la population resta stationnaire dans son développement, que la captivité, cette lèpre heureusement disparue, maintint la population noire dans un état de dépendance absolue, les hommes dont nous parlons conservèrent des prérogatives dont ils étaient en possession depuis un temps immémorial; mais lorsqu'à côté de l'esclavage germa un principe de liberté, que l'engagement à temps, institué en 1823, créa dans la colonie une classe d'hommes libres de droit, les esprits prévoyants purent entrevoir que les conditions d'existence des anciens chefs de famille devraient, dans un temps plus ou moins éloigné, se modifier sensiblement.

D'un autre côté, le Sénégal, dans les premières années de notre possession nouvelle, avait, au point de vue sanitaire, une réputation redoutable, qui repoussait les hommes d'entreprise, et, par conséquent, les capitaux; mais quelques fortunes promptement réalisées, les récits des capitaines de la marine commerciale, dirigèrent bientôt vers le Sénégal les vues du commerce européen; et le gouvernement métropolitain, toujours plein de sollicitude pour l'avenir de ce pays, entreprit de créer en Sénégambie une colonie à culture pour les denrées tropicales.

Sans doute l'entreprise avorta; mais ni le dévouement de l'homme distingué qui la mit en mouvement, ni celui de ses auxiliaires, ne sauraient être contestés. Si le succès ne vint pas couronner de patriotiques efforts, c'est que le point de départ avait été mal établi, les ressources locales mal définies, et le sol à exploiter imparfaitement expérimenté.

L'erreur vint de la pensée séduisante que la culture se ferait fructueusement par des mains sénégalaises. Dans son désir ardent de succès, *M. le baron Roger* crut que les hommes de Saint-Louis se hâteraient de diriger leur activité vers des travaux agricoles; mais, pénétré fortement de son idée, il ne tint pas assez compte de ce fait, démontré par l'histoire, à savoir, que les races, les classes trafiquantes, aiment mieux déchoir et périr que de revenir à la terre, cette mère de la vraie richesse.

Pendant que cette œuvre importante périssait sous le vice de la pensée primitive, la population avait acquis un certain développement. Des négociants nouveaux, trouvant les maisons anciennes pourvues d'agents, avaient cherché à se créer des intermédiaires; ils ne tardèrent pas à réussir, car les plus intelligents des engagés à temps, après s'être initiés, sous les yeux de leurs engagistes et à leur insu souvent, aux pratiques de la traite, étaient mûrs pour entrer en concurrence.

Dès lors cette sorte de monopole, sinon légal, au moins effectif, exercé par les anciens traitants, commença à s'altérer. La matière à exploiter, la gomme, était d'une abondance restreinte, et l'industrie humaine se trouvait impuissante à l'augmenter; il fallait donc, le nombre des partageants s'étant accru, que la masse du produit fût divisée en parties moindres.

Or ce fractionnement, s'opérant sous l'influence des efforts individuels, amena deux résultats infaillibles : l'amoindrissement des gains, et, par suite, des ressources des anciens traitants, et une exigence extrême de la part des vendeurs de gomme.

La colonie vécut dès lors dans des fluctuations perpétuelles. La dette des habitants vis-à-vis du commerce européen s'augmentait d'année en année. Quelquefois des circonstances accidentelles venaient jeter une lueur d'espoir dans une population qui s'abandonne facilement à l'illusion. Une année où l'*harmattan* avait, plus largement que de coutume, ouvert l'écorce des gommiers, où la gomme atteignait en Europe un prix élevé, des sommes importantes restaient au crédit des traitants, et ceux-ci, croyant à un avenir favorable, reprenaient leurs illusions; mais bientôt les mêmes causes, agissant avec la même puissance, replongeaient la population dans un état pire que le précédent.

L'autorité locale, toujours pleine de sollicitude, cherchait vainement, dans toutes les directions, un remède à des maux trop réels.

Reproduire ici la série des mesures prises pour introduire quelque régularité dans les transactions, pour refréner dans de justes limites une concurrence qui dissipait chaque année, au profit des Maures, le capital colonial, ce serait nous engager dans des détails fastidieux.

Nous nous contenterons de dire quelques mots sur cette question.

L'idée de la liberté du commerce était inconnue de notre population, car celles de privilége, inculquées par les compagnies qui, avant 1789, exploitaient le Sénégal, exerçaient un empire absolu.

Les anciennes familles, ne voulant point tenir compte des faits contemporains, regardaient les nouveaux affranchis comme des intrus et des usurpateurs; aussi faisaient-elles les efforts les plus suivis pour écarter, par des moyens détournés, ces travailleurs qui demandaient leur part dans les produits sénégalais. C'est ainsi que la traite de la gomme fut soumise, d'année en année, à des règlementations toujours influencées par des idées de monopole. Quand en France le droit reconnu pour chacun d'user librement d'une industrie quelconque fécondait les germes de la richesse nationale, on s'attachait au Sénégal à étouffer le plus possible l'activité et l'initiative individuelles.

Tantôt on imposait à la guinée, élément principal de nos transactions en rivière, un prix *minimum*, qui déterminait naturellement le taux *maximum* de la gomme, encore dans les mains des Maures. On savait d'avance que la mesure serait inefficace; car comment empêcher celui qui avait intérêt à violer cette règle de faire ou de promettre, en dehors de la surveillance de l'autorité, un cadeau au détenteur du produit?..... Mais les traitants et les négociants espéraient chaque fois que la mesure serait observée; on multipliait à cet effet les menaces de rigueur contre les contrevenants; mais le Maure luttait toujours, on le comprend, pour sauvegarder ses intérêts : il ne vendait que dans la proportion de ses besoins les plus restreints, et préférait conserver, en l'enterrant, le surplus de sa gomme. Bientôt l'heure des échéances approchait ; un traitant violait le *compromis*, et chacun l'imitait. Quand l'autorité était avertie, le mal était irrémédiable. Le résultat, en fin de compte, était ruineux; mais on avait gagné du temps.

L'année suivante, un chef nouveau avait pris le gouvernement : on essayait une liberté illimitée qui, toute l'activité commerciale étant concentrée sur deux points, sortes de champs de bataille, ne donnait pas de résultats meilleurs... On alla ainsi, de monopole en commerce libre, et de celui-ci en privilége, jusqu'à tenter la création d'une société sans capital réalisé, d'une nature indéterminée, dans laquelle entrèrent tous les traitants. Seule elle devait exploiter le commerce de la gomme dans les basses escales, et répartir entre tous ses membres le produit net de ses opérations. Mais elle n'eut besoin que de vingt-deux navires et d'autant de traitants... La masse de la population restant dès lors à peu près inactive à Saint-Louis, on vit bien qu'il fallait renoncer à ce mode de commerce ; car la population qui vit du louage de ses services était par lui condamnée à mourir de faim dans un temps prochain. Aussi cet essai ne dura-t-il que pendant une campagne.

Mais on était toujours à la recherche de quelque combinaison qui, pondérant le mieux possible les intérêts en conflit, assurât aux transactions une régularité fructueuse. On se décida à créer une corporation de traitants privilégiés, dirigée, sous la surveillance de l'autorité, par une chambre syndicale. Le but de l'ordonnance du 15 novembre 1842 était, évidemment, de restreindre le nombre des traitants, et d'arriver, par suite, à amortir cette ardeur de concurrence qui compromettait si gravement la situation commerciale de la colonie... Mais ce but fut manqué.

Nous avons fait, jusqu'ici, la part de l'imprévoyance et du défaut d'ordre, qui ont amené, en partie, la ruine des traitants; nous manquerions à la vérité si nous ne montrions pas une certaine face de la question, fort curieuse, à notre avis, qui prouve combien il a été, jusqu'à ce jour, difficile d'équilibrer des intérêts qui se combattent.

Lorsque la traite s'ouvrait, les anciens traitants, tous liés d'affaires à un négociant européen, trouvaient dans la maison de celui-ci le crédit nécessaire à l'opération. La campagne finie, ils devaient, selon les conditions du marché, une quantité de gomme ou une somme d'argent.

Ainsi les maisons de commerce anciennes avaient, de leurs marchandises, un placement à peu près certain.

Mais les maisons nouvelles, privées d'acheteurs sérieux, couraient risque de voir leur existence impossible.

Dès lors elles créèrent une classe particulière de traitants, qui, au lieu d'acheter à crédit et de trafiquer à ses risques et périls, ne fut plus composée que d'agents, ou salariés, ou simplement intéressés aux bénéfices éventuels.

On comprend, les frais en rivière étant supposés les mêmes, que le traitant de la première catégorie, qu'on peut avec juste raison appeler traitant négociant, devait, en achetant sa cargaison, laisser dans la maison qui l'alimentait un bénéfice quelconque; il recevait donc la marchandise grevée de ce bénéfice, et il avait à réaliser en rivière celui qui rémunérait ses travaux.

Mais le traitant de la seconde classe, simple agent, n'avait à se préoccuper que du bénéfice réservé au vendeur. La maison qui l'employait pouvait donc tenir vis-à-vis du Maure les prix à un chiffre toujours inférieur à celui que devait demander le traitant négociant. De cette situation, si nettement tranchée, naissait à l'escale, entre les deux classes, une rivalité qui, en se perpétuant, a ruiné ceux de la première catégorie.

On le voit, le résultat n'est imputable à personne; chacun usait de son droit, et les effets que nous déplorons aujourd'hui sont dus à une force universelle.

Quand le mal, né à Saint-Louis, se développait en rivière, pour réagir ensuite sur le chef-lieu, qu'on recherchait le remède et qu'on portait ce remède à l'escale, on échouait toujours, car on négligeait la cause pour agir sur ses effets. Entraver la liberté d'action à Saint-Louis, nul ne l'osait et nul ne le pouvait. Comment empêcher un négociant d'agir à son gré?

Après avoir tenté mille épreuves, on acquit la conviction que les remèdes mis successivement en avant n'étaient que des palliatifs; et, devant leur impuissance constatée, on dut recourir à un moyen simple et énergique : c'était de livrer chacun à son activité propre, et de proclamer que le commerce serait libre en rivière.

Mais la liberté du commerce amenait forcément la suppression des escales et des mille coutumes payées aux chefs riverains. Ici nous touchions aux intérêts des Maures; ceux-ci trouvaient, dans les tributs qu'ils levaient sur nous, des ressources trop précieuses, et surtout trop commodes, pour souscrire de bonne grâce, soit à leur amoindrissement, soit à leur transformation. Il leur plaisait, outre l'émolument, de percevoir, aux yeux de leurs nationaux, des redevances qui avaient l'air de constater leur prétendue souveraineté politique. Or, le jour où nous les priverions de ces prérogatives usurpées et de ces revenus arbitrairement agrandis, ils devaient nous susciter des difficultés qui amèneraient la guerre. Cependant il n'y avait pas à hésiter; la situation était trop intolérable; il fallait la briser...

La guerre est venue; mais ces terreurs, plus ou moins sincères, que certains affichaient à Saint-Louis, se sont bien vite dissipées quand on a vu l'énergie avec laquelle M. *Faidherbe*, notre gouverneur, surmontait des obstacles qui auraient fait, sinon pâlir, au moins hésiter d'autres moins déterminés. La fuite honteuse du roi des *Trarzas* a démontré tout ce que sa puissance avait de chimérique, et bientôt, nous l'espérons, le système nouveau donnera satisfaction à tous les intérêts, permettra à toute force de se produire, à toute intelligence de se faire jour.

Mais que la population prête l'oreille à une voix amie : nos sympathies pour elle, bien connues, nous autorisent à ne pas lui déguiser la vérité et nous commandent de la lui dire : qu'elle le sache bien, le temps des fortunes rapides est passé..... Elle devra désormais marcher lentement dans la conquête de l'aisance et du bien-être.

Que les jeunes hommes, auxquels appartient l'avenir, se pénètrent fortement des idées et des mœurs françaises ; qu'ils n'oublient jamais que c'est par la patience, la probité, la régularité et un travail assidu, qu'ils devront obtenir la confiance des détenteurs des capitaux ; et, après s'être montrés des agents fidèles, économes et intelligents, ils deviendront, à leur tour, des patrons habiles.

Qu'ils se préoccupent, avant tout, d'acquérir quelque instruction : c'est une grossière erreur de croire qu'il suffit, pour être traitant, de se transporter en rivière, et là de courir après l'occasion d'échanger de la guinée contre la gomme; que le meilleur traitant est celui qui lutte le mieux, de ruses et de détours, avec les habitants du désert. Il faut que les jeunes hommes abandonnent à tout jamais ces pratiques mauvaises, qu'ils développent leur intelligence et leur sens moral, et qu'ils montrent aux barbares une supériorité dont le germe ne se trouve que dans la civilisation européenne.

Nos conseils s'adressent à tous les traitants, à ceux de la race intermédiaire aussi bien qu'aux noirs; mais nous reconnaissons que tout est à faire dans l'ordre d'idées que nous signalons. Nous serions injustes, toutefois, si nous rendions la population responsable, d'une manière absolue, de l'état de choses actuel : elle est peu éclairée, sans doute; mais n'a-t-elle pas été un peu trop abandonnée à elle-même!!!

Jetons un rapide coup d'œil sur la population noire, et demandons-nous quel est le progrès qu'elle a accompli depuis la reprise de possession. Hélas! c'est douloureux à dire, mais la racc *woloffe* semble avoir rétrogradé.....

A quelle cause rattacher un effet aussi déplorable? évidemment au mahométisme, qui, en se développant, a ramené les noirs à un état plus barbare...

Quand on voit une population intelligente, susceptible de progrès, se cantonner dans la barbarie, sous l'influence d'individus qui exploitent largement les préjugés qu'ils ont fait naître; quand ces marabouts, certains d'entre eux du moins, le fléau des pays africains, prêchant l'horreur du christianisme, surexcitent chaque jour la défiance des hommes de leur race, on s'indigne à la vue de ces exploitants qui s'abritent sous la loi française pour diriger contre elle des coups plus assurés.

Depuis 1817, nous avons négligé d'agir sur l'esprit de cette partie de la population; nous l'avons livrée à elle-même; nous avons cherché à favoriser le mahométisme au lieu de l'amortir; nous avons dédaigné d'exercer cette pression salutaire dont l'action, à la longue, se fait sentir sur les esprits sans les froisser; et aujourd'hui qu'il est urgent d'envisager en face une situation menaçante, nous trouvons que le mal est grand et la médication difficile.

Loin, bien loin de nous la pensée de conseiller les moyens brusques et violents : ils répugnent à nos mœurs, et leur moindre défaut, lorsqu'ils se perpétuent, est d'être presque toujours inefficaces; mais, à tout le moins, ne faut-il pas entourer de considération ce qu'une bonne politique et l'intérêt bien entendu de la population elle-même commandent d'abaisser graduellement.

Tant que le mahométisme jouira d'une existence officielle, tant que les marabouts seront honorés, tant que la mosquée subsistera, il est par trop évident que les progrès du christianisme seront nuls. Si l'autorité, par des procédés habiles, résolument embrassés et systématiquement suivis, ne résiste pas à l'expansion de l'islamisme, elle ne réalisera sur ce sol aucun progrès moral.

La preuve que l'esprit européen a très-peu pénétré dans la population, c'est que la langue française, parlée depuis plus de trois cents ans sur cette terre africaine, est presque inconnue des noirs de Saint-Louis ; ils la repoussent, parce que c'est le signe de la pensée d'une race chrétienne.

Toute conquête matérielle ou morale, qui se légitime par le temps ou par des bienfaits, impose sa langue ; or, la langue française étant à peu près étrangère aux noirs, nous pouvons hardiment en conclure que l'idée française est absente.

Il serait puéril d'attacher ce fait déplorable au peu d'aptitude des noirs ; la vérité est qu'ils s'approprient les langues avec une facilité merveilleuse : il n'est pas rare d'en rencontrer parlant toutes les langues du fleuve ; ils sauraient donc la nôtre..... Mais, s'ils avaient tous ce moyen de communication, ils perdraient bientôt une multitude de préjugés sur lesquels est basé le prestige des marabouts.

Ceux-ci, qui ne sont pas naïfs, leur inspirent pour notre langue une aversion égale à celle qu'ils ressentent eux-mêmes pour le christianisme.

Les marabouts savent que, pour consolider leur influence, ils doivent agir sur la jeunesse ; aussi n'hésitent-ils pas à accueillir avec empressement, à rechercher avec activité les enfants de l'un et de l'autre sexe. Pas un enfant mahométan ne fréquente aujourd'hui notre école.

Dans ce travail incessant de séparation et de désaffection, les marabouts ont été singulièrement aidés par une circonstance particulière. On sait que les honorables instituteurs chargés de l'école appartiennent à une congrégation religieuse; leur costume et leur règle peuvent facilement les faire prendre pour des prêtres catholiques. Les marabouts n'ont pas manqué d'affirmer que les Frères de l'institut de *Ploërmel* ne s'occupaient qu'à convertir les enfants : cette invention leur a servi à faire déserter l'école du gouvernement et à peupler les leurs.

Il y a donc, dans la situation actuelle, un danger qu'il faut conjurer, des préjugés qu'il est urgent de combattre.

Nous le dirons jusqu'à satiété, les périls que le fanatisme léguera à l'avenir devraient former la préoccupation constante et du chef de la colonie et de la direction de l'intérieur.

L'islamisme nous enserre! il tend à nous étouffer! Comment en serait-il autrement? Saint-Louis est une ville ouverte; les communications faciles et multiples qu'elle entretient avec la grande terre échappent d'autant mieux à toute surveillance qu'elles sont voilées par la communauté du langage. Or, sans parler des marabouts nés au Sénégal, qui, tenant au sol par les liens de l'intérêt, gardent, en public du moins, quelque ménagement, les marabouts étrangers pullulent à Saint-Louis; ils s'y établissent, et, pendant qu'ils s'emparent des enfants et les abrutissent, ils lèvent mille tributs sur la crédulité, l'ignorance et les superstitions des parents : *grisgris* de toute sorte, à toutes fins, remèdes, divinations, tout leur est bon pour s'enrichir. Lorsqu'ils se sont enrichis de la dépouille de leurs dupes, ces spéculateurs effrontés disparaissent pour faire place à d'autres.

Le remède le plus efficace, à notre avis, consisterait à expulser en masse tous les marabouts étrangers, et à imposer des règles sévères aux Sénégalais qui prétendraient exercer à l'avenir la profession maraboutale.

Il faudrait ensuite que ceux qui voudraient jouir du titre de marabouts fussent agréés, en cette qualité, par l'autorité française. Munis de quelque signe apparent, logés dans un quartier déterminé, ces marabouts officiels présideraient aux funérailles, avec défense expresse de procéder à aucune inhumation sans une autorisation écrite émanée de l'officier de l'état civil. Un marabout central, le *tamsir*, serait chargé de la célébration des mariages et de la constatation des divorces; il dresserait acte de ces faits.

Il faudrait en même temps contraindre, au moyen d'une pénalité sévère, les mahométans à faire dresser par l'officier de l'état civil les actes voulus par la loi. Qui pourrait croire que, dans un pays français où le Code Napoléon est promulgué depuis plus de vingt-cinq ans, les musulmans ne font connaître à l'état civil ni naissances, ni décès? Abus déplorable, qui livre au hasard l'existence de la famille...

Nous savons bien que les marabouts s'opposent de toute leur énergie à ce que ces déclarations soient faites. Dans leur désir de perpétuer, à leur profit, une société séparée et sourdement hostile, ils savent ne rien négliger : ils prennent le noir à sa naissance, le suivent quand il grandit, l'assistent lors de son mariage, et ne l'abandonnent que lorsqu'ils ont confié à la terre sa dépouille mortelle. Si on veut détruire cette prépondérance déplorable, il faut porter le remède à la racine du mal, et c'est en rendant obligatoires les déclarations de naissances et de décès qu'on habituera les noirs à voir, dans l'autorité et la loi françaises, une sauvegarde et un refuge. Alors, loin de s'isoler, ils se rapprocheront de nous par les mille liens d'une vie civile aujourd'hui tout entière à créer.

Ils résisteront d'abord avec cette inertie qui est l'apanage de leur race; mais nous devrons les forcer à accomplir ce devoir, et le succès couronnera nos efforts. Le mahométan, en effet, et surtout le noir, ne respecte que la force : nous la voulons modérée, mais il faut l'employer. Pas de résultats ici sans pression; qu'elle soit douce, c'est notre vœu, mais qu'elle agisse avec continuité. Qu'on ne vienne pas, au Sénégal, parler de tolérance, de liberté des cultes ; ces principes ont peut-être leur valeur en des contrées où la raison humaine, arrivée à un grand développement, respectable parce qu'elle sait se refréner, a le droit, en se renfermant dans le cercle légal, d'invoquer la liberté de la conscience; mais n'oublions pas qu'ici nous sommes en présence de races livrées à des instincts grossiers, alimentés par une religion abrutissante. Si on réfléchit, d'ailleurs, que toutes les sociétés primitives ont passé par ce régime de force, on nous accordera la légitimité d'un emploi modéré d'une force intelligente.

Pendant que l'influence maraboutale sera ainsi abaissée, il serait bon d'ouvrir à la pensée française des foyers d'action. Dans ce but, il conviendrait d'établir dans chaque quartier une école dont la fréquentation serait rendue obligatoire, sans acception de religion, aux enfants de la circonscription. Pour éloigner toute défiance, la direction en serait confiée à des instituteurs laïques, soumis à une forte surveillance. Là les élèves, pris très-jeunes, seraient initiés à l'étude et à la pratique de la langue française; tous les soins du maître devraient, dans le principe, se concentrer sur ce point capital : *contraindre les enfants à parler français.*

Le marabout du quartier remplirait un rôle dans le jeu de l'institution : pendant que le maître français marcherait vers le but qu'il faut atteindre à tout prix, le marabout enseignerait aux enfants à lire l'arabe, langue officielle du fleuve. Sa présence, au moins pendant la période de transition, serait une garantie pour les parents mahométans.

Nous croyons qu'il serait facile de réaliser ces simples vues; leur mise en pratique ne tarderait pas à faire passer en nos mains la direction des esprits, résultat précieux qui ne serait pas acheté trop cher par quelques sacrifices d'argent.

Il est encore un point que nous ne devons pas négliger : les noirs sénégalais n'ont jamais adopté les vêtements français; à mesure que l'influence maraboutale grandit chez le noir, on le voit revenir au costume de la grande terre. Il faudrait donc l'amener à quitter ce costume. Ceci pourra faire sourire quelque esprit superficiel; mais tout homme qui a réfléchi à l'influence des signes extérieurs sur les masses partagera notre avis, nous le croyons.

Que tout agent salarié par l'État soit contraint à abandonner ses vêtements africains; que sous ce costume personne ne soit admis devant l'autorité judiciaire ou administrative, et nous sommes convaincu qu'on ne tardera pas à ressentir d'heureux effets d'une mesure dont les *Anglais* n'ont pas dédaigné l'adoption.

Il existe, toujours dans le même ordre d'idées, un abus que nous ne saurions nous empêcher de signaler : les marabouts se sont emparés depuis longtemps de la liquidation des successions mahométanes. Il serait impossible, sans doute, de procéder au partage de ces héritages conformément aux règles du Code Napoléon : les héritiers du sexe féminin n'ont pas, d'après le *Koran,* une part égale à celle des mâles; la légitimité des enfants, en présence de la pluralité des femmes, donnerait lieu à de graves difficultés; les marabouts le savent, et, constitués en arbitres forcés, ils procèdent aux liquidations après avoir prélevé pour leurs soins le dixième de la masse brute.

Les partages, nous le reconnaissons, doivent être faits conformément à la loi musulmane; mais pourquoi n'y serait-il pas procédé par un officier public français, qui prendrait pour bases les règles du *Koran ?*

Les noirs, quand il s'agit de leurs tutelles et de leurs affaires civiles et commerciales, viennent avec joie auprès du magistrat français; ils sentent et disent qu'ils trouvent là une justice meilleure..... Ils auraient recours à lui pour les partages; mais le marabout s'y oppose, car il tient à son *dixième.*

On comprend, d'après ce qui précède, qu'il ne saurait plus être question d'ériger à Saint-Louis un tribunal musulman. Nous avons été un moment partisan de cette institution, parce que nous avions l'espoir que, touchés de ce bienfait, les musulmans sauraient le reconnaître par leur dévouement à la France; mais lorsque nous avons vu, en 1848 et 1849, les marabouts demander la plénitude de juriridiction sur leurs coreligionnaires, affichant ainsi, à une époque où bien d'autres prétentions désorganisatrices se sont produites, leur désir, resté secret jusqu'alors, de constituer une société séparée, nous avons reculé devant le danger politique et moral de la mesure. Ce qui s'est passé depuis, ce qui se produit tous les jours, nous a prouvé et nous démontre que nous sommes dans le vrai.

En effet, et nous finirons par ceci, n'est-il pas certain que les noirs, loin de se croire rigoureusement tenus de servir la France, se permettent de se réunir et de discuter leur concours? N'est-il pas certain qu'ils se posent devant l'autorité locale comme une race indépendante? N'est-il pas vrai que nos meilleurs auxiliaires ne sont pas les hommes de la race *woloffe*, mais des *Bambaras* et des *Sarracolets* récemment établis à Saint-Louis? N'est-il pas certain qu'ils appellent leur *tamsir, le gouverneur des noirs, bouroum Woloff?* On voit donc qu'il est temps, grand temps, de les persuader fortement qu'ils ne sont pas ici les alliés de la France, mais ses sujets, et des sujets tenus à une obéissance sans restriction.

---

§ II.

Avenir.

Si, par la pensée, nous embrassons les pays sénégambiens sur lesquels la France doit exercer son action ; si, pressentant l'avenir, nous voulons nous élever à quelque hauteur pour contempler l'ensemble des races destinées à vivre sous notre influence ; si nous pouvons démêler les intérêts divers en contact avec les nôtres, notre œuvre ne manquera pas de quelque utilité en fournissant aux futurs administrateurs de cette colonie des indices d'une certaine valeur.

La domination de la France, nominale, il est vrai, jusqu'à ce jour, s'étend de l'embouchure du Sénégal à la cataracte du Félou, sur un parcours de près de trois cents lieues ; le fleuve et la Falémé, son affluent, sur les bords de laquelle s'élève notre fort de Sennoudébou, nous mettent, à gauche, en contact direct avec le Cayor, le Walo, le Fouta, le Guidiaga, le Kassô, le Bondou et le Bambouk ; à droite, avec les *Zénagas*, les *Guidimakras*, les *Braknas* et les *Trarzas*. Derrière les contrées de la rive gauche, le DGIOLOFF, grand et fertile pays, ne peut avoir de relations faciles et fructueuses qu'avec nous; plus loin encore, par le DGIOLOFF et le BONDOU nous atteignons le FOUTA DGIALON... De MÉDINE, dans le KASSÔ, le moindre effort nous permettrait de franchir, en la tournant, la cataracte du FÉLOU, et de toucher au KAARTA, qui confine lui-même au SÉGOU.

Par la rive droite, les *Zénagas* et les *Oulad-m'Barrik*, on s'élance vers l'ADRAR et les frontières du MAROC... Nous avons donc sous la main un vaste territoire, tributaire naturel de notre commerce; les développements que peuvent y prendre nos transactions paraissent incalculables. Il suffirait, de la part du gouvernement, de quelques sacrifices, et chez nos commerçants d'un peu d'esprit d'entreprise, pour que le nom français pénétrât dans ces vastes régions et y rayonnât de l'influence qui lui est due.

Cependant, depuis trente-huit ans, tout est resté immobile; mais si, malgré l'impulsion de la direction des colonies, le gouvernement local a manqué d'esprit de suite, les commerçants, il faut bien le dire, ont été dépourvus d'initative.

Le fleuve qui arrose nos contrées, force immense, route commode, n'a encore vu sur ses eaux que des barques misérables, mettant quarante-cinq jours au moins pour se rendre à Bakel. Dans ces conditions, les frais absorbent la valeur de la cargaison, quand elle n'est pas d'une qualité relevée comme la gomme.

Les pays les plus riches, d'une fertilité merveilleuse, livrés à eux-mêmes et à des brigandages qui, paralysant l'essor de races laborieuses, les maintiennent par la misère et l'oppression dans la plus affreuse barbarie; des produits précieux et abondants négligés par des malheureux toujours tremblants sous la main des Maures; des mines d'or aussi riches, sans nul doute, que celles de l'Australie, abandonnées par notre incurie à un travail grossier, donnant des résultats insignifiants; les trésors inépuisables que renferme cette terre, en denrées utiles, étouffés, dans leur germe, soit par des difficultés de communication et de transport, soit par l'avidité de cette race de dévastateurs qui habite la rive droite; pas un progrès, ni matériel, ni moral; ce mince obstacle du Félou, considéré comme une barrière infranchissable; le centre de l'Afrique dédaigné; les communications par l'intérieur avec le nord de ce continent déclarées sans examen absolument impossibles, quand des caravanes les pratiquent tous les ans; le haut pays fermé pendant six mois, sans qu'on ait ni cherché ni songé à ménager le plus étroit passage à travers les bancs du fleuve ; des tributs onéreux, déguisés sous un nom quelconque, payés aux différents chefs riverains ; le commerce embarrassé par mille entraves, intimidé par mille avanies, écrasé, obligé de solliciter l'achat de denrées que les détenteurs ont un intérêt au moins égal au nôtre à nous vendre ; la stagnation dans les comptoirs, la misère et presque le désespoir assis au foyer de l'habitant : tel est, bien faible encore et tout raccourci, le tableau de notre situation actuelle.

Nous voudrions, nous, et nous croyons nos vœux susceptibles de réalisation, que Saint-Louis, devenu le centre d'un commerce important, fît sentir aux divers peuples qui gravitent autour de lui une influence décisive, salutaire à eux-mêmes et profitable à notre industrie ; nous voudrions que l'idée française, symbole à nos yeux de ce qu'il y a de grand et de noble dans la civilisation, pénétrât peu à peu dans ce pays, sur lequel s'appesantit une barbarie jusqu'à ce jour invincible, s'infiltrât dans les mœurs de ces races chez lesquelles vacille depuis si longtemps la lumière morale, et qu'en fin de compte la religion chrétienne, cette mère du progrès, pût, triomphante, former la base et s'asseoir au sommet d'un édifice dont la création ajouterait à notre gloire nationale.

Loin de nous la pensée qu'il faut conquérir les armes à la main la partie de la Sénégambie que baigne le Sénégal : la conquête matérielle est inutile, mais la force et l'action morales doivent passer aux mains des plus habiles et des plus éclairés; il faut, enfin, qu'initiateurs des peuples qui nous environnent à des destinées meilleures, nous les protégions contre leurs oppresseurs et contre leurs propres tendances.

Le Cayor touche à Saint-Louis; serait-il donc si difficile de l'entraîner définitivement dans notre sphère d'action?

Nous dominons le Cayor par trois points : Gorée, Mérinaghène, Gandiol. Quoique Gorée soit aujourd'hui détaché de Saint-Louis et que cette séparation puisse entraîner quelque hésitation dans nos combinaisons politiques, il nous semble évident que nous pouvons peser efficacement sur le Cayor.

En principe, les hommes de ce pays exècrent les Maures, dont ils connaissent, par une cruelle expérience, les tendances envahissantes et dévastatrices. Si les chefs ont souvent plié devant le roi des *Trarzas*, le peuple demande à être débarrassé à tout jamais de ses avanies; il est laborieux, très-porté à améliorer, par le travail, ses conditions d'existence; il comprend qu'il ne trouvera son bien-être que dans des relations suivies avec nous, et il est disposé à les rendre fructueuses en multipliant les cultures.

Si on faisait dans ce pays une propagande infatigable de l'idée française; si ses habitants, en raison des améliorations dont ils profiteraient, pouvaient apprécier sérieusement les bienfaits de notre intervention ; s'ils voyaient l'autorité française, cherchant à introduire dans leur pays une police meilleure, le délivrer des incursions des *Trarzas* et des avanies des *Kiédos*, nul doute qu'ils nous secondassent ; dans tous les cas, ils verseraient sur notre marché, ils le font déjà, une quantité très-considérable de produits utiles.

Si les chefs féodaux du CAYOR, qui s'engraissent du sang du peuple, voulaient nous résister, nous viendrions à bout de ces obstacles. En ménageant les *Diambours*, en réveillant les restes de la famille *Maïor*, en poussant, par les trois points indiqués plus haut, une force quelconque vers le centre, secondés par les sympathies de la masse, nous saurions les réduire bientôt à une complète impuissance.

Le WALO nous appartient; il suffit d'en chasser *Mohamet-el-Abid*, *Ely*, son fils, et leurs misérables bandes. La chose est faite, grâce à l'énergie du gouverneur et de nos braves soldats; le courage et l'espoir se réveillent chez les *Sébébaors;* ils veulent, et ils voudront bien mieux l'année prochaine, échapper à la domination des *Trarzas*, et se reconstituer en État indépendant; ils sollicitent, ils acceptent avec joie la domination de la France. Là, les Maures et la branche *Tedgiègue* expulsés, point d'obstacles sérieux: le fanatisme mahométan, dont il faut tenir compte plus loin, n'existe pas au WALO; pays de plaines, couvert de pâturages, notre intervention et notre surveillance y seront faciles; mais il faut repeupler ces contrées désolées.

Celui qui connaît cette partie de l'Afrique, et tout ce qu'a d'intolérable le joug féodal qui pèse sur ses habitants, sait comme nous avec quelle avidité les opprimés des pays voisins rechercheront la permission de s'établir dans le WALO. En voyant la condition des noirs sénégalais, leurs prérogatives et cette force de la loi française qui met à l'abri de toute injustice, de toute avanie, leurs personnes et leurs propriétés, ils comprennent parfaitement qu'un sort pareil leur serait réservé, et ils aspirent à jouir d'un état social dont ils reconnaîtraient les bienfaits par un travail assidu et une soumission dévouée.

Que le WALO devienne donc un lieu d'asile, et, sous peu d'années, nous le verrons, cultivé par des mains actives, devenir le grenier de Saint-Louis et le centre d'une vaste activité commerciale.

A un autre point de vue, d'ailleurs, le WALO peut offrir à la métropole une utilité qui a son importance.

Les colonies de l'ouest sont privées de bras; là se trouvent des Français distingués d'esprit et de cœur; elles sont frappées d'une stérilité relative, parce que les anciens travailleurs, livrés à eux-mêmes trop brusquement peut-être, ont été mis en possession d'un droit de libre arbitre qui, pour eux, se traduit en la faculté de ne rien faire, ou à peu près. La mère patrie a déjà jeté sur ces pays qui méritent sa bienveillance un regard secourable; elle cherche à y introduire des travailleurs.

Nous allons toucher à une question délicate.... mais nous reculerons d'autant moins devant l'expression de notre pensée que nous l'avons émise dès l'année 1841, à une époque où, comme bien d'autres, nous sentions venir l'émancipation. Notre faible voix se perdit alors dans le mouvement des choses; mais, puisque l'occasion nous est donnée de reproduire nos idées, nous le ferons avec franchise.

Avant tout, qu'on le sache bien, nous sommes autant que quiconque, nous avons été avant bien d'autres les adversaires convaincus et déclarés de l'esclavage; les annales judiciaires du Sénégal en feraient foi si notre affirmation ne suffisait pas; mais nos principes sur cette question ne nous ont jamais fait perdre de vue les intérêts sérieux des établissements français d'outre-mer. Puisque ces établissements sont nécessaires à la prospérité de notre patrie, encore faut-il, pour les conserver, leur donner les moyens de soutenir leur existence.

Ceci posé, nous pensons que le problème du travail, pour les colonies de l'ouest, ne peut trouver sa solution que dans l'engagement à temps des noirs du bas de la côte.

Pourquoi, lorsque, débarrassée des préoccupations d'une guerre éminemment nationale, la France tournera sur elle-même sa merveilleuse activité, n'organiserait-elle pas, dans de vastes proportions, l'émigration des noirs que nous venons de désigner?.....

Nous voyons de suite l'objection grave qui va se dresser contre ce système. Vous voulez, dira-t-on, arracher les noirs à leurs foyers, exciter, par l'espoir renaissant d'en tirer profit, l'ardeur de ceux qui s'emparent de leurs personnes, et organiser une traite nouvelle? Sans doute l'objection a de la valeur ; mais, pour nous servir d'un mot vrai, quoique vulgaire, entre plusieurs maux, ne faut-il pas choisir le moindre?

Peut-on nier que la race noire, frappée d'une mystérieuse malédiction, ne soit, depuis le commencement du monde, livrée à tous les abaissements, à toutes les oppressions? Sous l'impulsion de deux nations généreuses, cette malheureuse race commence à entrevoir des jours meilleurs, à prendre une petite place au soleil moral de l'humanité..... Dès lors, pourquoi s'arrêter en chemin? Pourquoi hésiter devant de timides scrupules? Pense-t-on qu'en abandonnant l'Afrique à elle-même la pensée civilisatrice y pénétrera facilement? que si une main puissante ne fait pas brèche à ce mystérieux continent, il remontera de lui-même vers les régions où règne le respect de l'homme et la loi de la conscience? Ah! se bercer de pareilles illusions, c'est presque se cantonner dans la forteresse de l'égoïsme, c'est déserter peut-être le drapeau du catholicisme, et, par conséquent, du progrès.

Pour nous, nous croyons que les races ne se transforment qu'en se répandant au dehors; c'est par le mouvement que les hommes rencontrent les améliorations. Si ces idées sont vraies, s'il est vrai aussi que l'Afrique est privée de tout moyen de s'épancher hors d'elle-même, n'est-il pas évident que nous devons y pousser à de larges émigrations?

Pourquoi dès lors la France, allant au cœur des choses, ne se mettrait-elle pas à la tête d'une transportation qui, profitant d'abord aux colonies de l'ouest, tournerait en définitive à l'avantage de la race noire et du Sénégal, comme nous allons le montrer?

Des agents commissionnés se rendraient, sur des navires convenablement aménagés, au bas de la côte d'Afrique; là ils arracheraient à l'esclavage et à la mort qui les attend, lorsque le maître ne trouve pas à les vendre, ces malheureux noirs, auxquels l'intervention de la France apporterait le salut et la libération.

Conduits aux Antilles, ils y seraient confiés, moyennant un prix fixé, à des propriétaires pour lesquels ils devraient travailler pendant dix ans; ce temps expiré, certains d'entre eux, désignés par l'administration, seraient, de leur consentement, conservés dans la colonie; les autres, initiés à la connaissance de la langue française, et depuis longtemps chrétiens, reviendraient au Sénégal. Le gouvernement local aurait fait préparer, dans le WALO, le nombre de villages correspondant au chiffre des immigrants : ces constructions en paille sont peu coûteuses; là, à l'ombre du drapeau national, soumis à l'autorité d'un chef nommé par le gouverneur, pourvus de vivres, d'instruments aratoires et de semences pour un an, mis en possession d'une étendue de terre suffisante pour leurs besoins et ceux de leur famille future, protégés, encouragés, stimulés, ils ne manqueraient pas de mettre en œuvre les enseignements puisés dans leur vie laborieuse des Antilles. Bientôt ils se créeraient une famille, sur laquelle leur supériorité relative exercerait une réaction utile; la religion, qui ne les abandonnerait pas, se répandrait de proche en proche dans tout le WALO, et nous aurions, avec quelques efforts, créé là une province chrétienne, vraiment française, tête de pont pour la marche de la civilisation vers l'intérieur.

Le DGIOLOFF, dont nous avons signalé la fertilité, nous tend la main par MÉRINAGHÈNE. Son peuple, doux, intelligent, retient des traditions qui lui donnent aujourd'hui encore une sorte de supériorité politique sur toute la race *woloffe;* pourquoi, si nous parvenions à le soumettre à une influence qu'il sollicite d'ailleurs, n'utiliserions-nous pas, dans l'intérêt de nos vues, la suprématie féodale que le *bourba* a exercée effectivement et possède encore nominalement sur le WALO, le CAYOR, le SINN et le SALOUM? Quand, de nos jours encore, les chefs de ces différents pays reçoivent un message du *bourba*, ils se hâtent de s'agenouiller, et frappant la terre de leur front, prononcent le mot sacramentel *Dály* (monseigneur). Ils commettraient une sorte de lèse-majesté, mal vue de leurs propres sujets, en refusant cette marque de respect. Sans doute, après avoir accompli le devoir féodal, ils ne se gênent guère pour ne pas obéir, car ils savent que le *bourba* est impuissant à les contraindre; mais il en serait autrement si le *bourba* s'appuyait sur nous.

Le FOUTA est moins maniable; la race fanatique

et insolente qui l'habite, imbue des maximes du *Koran*, exècre les chrétiens; il faudra donc, pour ramener ce pays à des idées raisonnables, employer d'abord la force et rester longtemps dans une attitude menaçante. Réduire ce pays n'est pas cependant, tant s'en faut, une entreprise au-dessus de nos forces.

Nous pouvons agir directement sur lui en détruisant dès à présent les villages situés sur les rives du fleuve ou du marigot de l'île à Morphil. Nous lui ferons par là un mal sensible; car les bords du fleuve ou du marigot lui sont d'une nécessité presque absolue, soit pour y cultiver le mil, soit pour les produits de la pêche. Si ces moyens ne suffisaient pas, il ne serait pas très-difficile, nous le croyons, de créer, entre les différentes catégories de *Torodos*, des rivalités qui leur feraient respecter notre commerce et notre navigation; il est probable même que certains partis rechercheraient notre assistance. Nous l'avons dit plus haut, sous la race *torodo* se trouvent encore les débris des anciens dominateurs du pays, ces *Délianhés* aux mœurs douces, qui n'attendent qu'un signal pour secouer le joug de leurs oppresseurs.

Une forte alliance avec les *Braknas* et les *Zénagas* du pays Dowich nous permettrait de prendre à notre solde des troupes de cavaliers capables de châtier à propos ceux du Fouta qui se montreraient trop récalcitrants.

Le GUIDIAGA et le KASSÔ ont accepté depuis longtemps notre suzeraineté; depuis surtout que la liberté du commerce a appelé à BAKEL et aux environs un nombre considérable de Sénégalais, les *Sarracolets* ont pu se convaincre des avantages de notre domination. Quand ceux du haut pays se comparent à leurs compatriotes établis depuis un certain nombre d'années à Saint-Louis, que le mouvement des affaires a ramenés à BAKEL, ils comprennent toute la supériorité de la race blanche; ce qui les enchante surtout, c'est la sécurité des personnes et des propriétés que la loi française garantit invariablement à ceux qui lui demandent protection. Aussi sollicitent-ils notre présence et le développement des affaires.

Le BONDOU ne peut manquer d'entrer dans notre sphère d'action; SENNOUDEBOU touche à BOULÉBANÉ; d'ailleurs les divisions qui existent entre les *Sissibés* de BOULÉBANÉ et ceux de KOUSSANG nous offrent un moyen infaillible pour pénétrer entre les deux partis et y asseoir notre autorité morale.

Par SENNOUDEBOU nous saisissons le BAMBOUK; en portant un nouvel établissement un peu plus haut, à *Sansanding* par exemple, nous sommes en face des mines de KÉNIÉBA. Qui peut nous empêcher, dès lors, de lancer dans cette contrée une foule d'agents, soit sénégalais, soit *sarracolets*, chargés de dresser les habitants du pays à une exploitation plus soignée des mines d'or qu'on y rencontre, pour ainsi dire, à chaque pas? Qui nous dit que ces régions, où règnent de hautes montagnes, ne seront pas un jour accessibles, sans trop de dangers, aux hommes de notre race?

Au delà de la cataracte du Félou s'étend un pays neuf, route de l'Afrique centrale.

. . . .

Les peuples de la rive droite, refoulés sur eux-mêmes, se transformeront à coup sûr; ils perdront peu à peu cette humeur inquiète et vagabonde qui les pousse à errer partout et à profiter des chances qu'offrent à leurs brigandages de vastes solitudes; la force les y contiendra d'ailleurs, et dans ce labeur nous serons aidés par les noirs, qui, nous ne saurions le répéter trop, brûlent du désir d'être affranchis du joug des Maures. Selon nous, ce besoin de paix et d'indépendance qu'éprouve la race noire est une des causes les plus réelles, quoique mal définies dans l'esprit de cette race, de l'enthousiasme inspiré dans ces derniers temps par *Al Aguy Oumar*.

Les temps marqués pour la transformation des peuples sénégambiens et le développement de cette colonie nous paraissent arrivés; la Providence semble avoir voulu mettre à notre disposition les moyens d'atteindre le but.

Il y a quelques années, toutes les spéculations, toutes les préoccupations se concentraient sur la gomme; le niveau des transactions et de la richesse locale s'élevait ou s'abaissait en raison de l'abondance ou du prix de cette denrée : il fallait absolument se mouvoir dans un cercle sans issue, car la gomme ne pouvait jamais dépasser une certaine limite. Mais un produit nouveau a surgi; il sera, sans nul doute, suivi de bien d'autres. Ce produit, destiné à placer le Sénégal au premier rang des établissements coloniaux, c'est l'*arachide* ou *pistache de terre*.

La pistache s'est manifestée d'elle-même; elle a énormément, depuis, grandi en importance; il ne s'agit plus aujourd'hui que de la seconder dans son essor. L'industrie humaine a sur elle une influence décisive; elle correspond à un besoin très-sérieux de la métropole; elle réunit en effet ce triple avantage : faire, par le commerce, vivre notre population, satisfaire aux besoins de la fabrique française, obligée de se pourvoir en ce moment à l'étranger, donner enfin une activité nouvelle à la navigation nationale, et par suite aux intérêts de diverse nature qui s'y rattachent et s'en alimentent.

Nous disons que les fabriques françaises doivent

chercher à l'étranger l'arachide qui leur est nécessaire; ceci n'a pas besoin d'être démontré; en effet, la Gambie, Sierra-Léoné, le Rio-Nunez produisent l'arachide à l'intention de Marseille. Jusqu'à ce jour, les fabriques anglaises ont repoussé la pistache et les principes oléagineux qu'elle contient; mais les négociants anglais, qui connaissent les besoins de nos places de commerce, n'ont pas hésité à pousser autour d'eux à la culture de l'arachide, de sorte que tous les jours nous sommes témoins de ce fait singulier : nous, Français, possesseurs d'une colonie où l'arachide réussit à merveille, pouvant faire cultiver cette graine sur les immenses rives d'un fleuve fermé aux étrangers, nous la négligeons en quelque sorte, et sommes obligés d'aller avec du numéraire acheter, dans des établissements anglais et portugais, une denrée que l'étranger a acquise avec les produits de son industrie nationale. Il y a dans cette situation quelque chose de si extraordinaire que l'esprit le plus facile hésite à l'admettre; rien n'est plus vrai cependant...

Que chacun se pénètre donc de cette idée : il faut, et pour nos intérêts et pour notre honneur, que le Sénégal produise sur une vaste échelle une denrée si utile. En travaillant ainsi à son bien-être, cette colonie affranchira sa métropole d'un tribut, dont le maintien nous couvrirait à la longue d'une sorte de ridicule aux yeux de nos concurrents étrangers.

Il est démontré aujourd'hui que la rive gauche, outre les céréales et les bestiaux, dont l'industrie de ses habitants alimente chaque année Saint-Louis, peut produire une quantité incalculable de pistaches. En payant une faible prime aux chefs riverains, avance bientôt couverte et largement compensée par l'augmentation des droits de douane à l'importation, il nous paraît incontestable que les hommes de la rive gauche, rendus à la sécurité, stimulés par le désir de leur propre bien-être, se livreront avec ardeur à la culture d'une denrée dont le débouché est certain.

Le Cayor, qui sait par expérience, quelque restreinte qu'elle soit encore, tous les profits qu'il retire de l'arachide, la cultiverait avec une ardeur nouvelle si nous voulions, par Gandiol et par Leybar, nous rapprocher des centres de production. Nous avons déjà cité ce fait significatif : c'est qu'il sort de la partie de ce pays la plus rapprochée de Saint-Louis, le côté oriental alimentant Gorée, plusieurs milliers de tonneaux d'arachides (sept ou huit) ; il suffirait donc de quelques efforts pour obtenir le triple de ces quantités, et, si nous y perdions un peu de mil, le commerce saurait bien vite remplacer cette céréale par le riz, dont la consommation, en s'étendant à l'intérieur, donnerait un aliment nouveau à la navigation française de long cours.

Il est certain que les terres du Walo, du Dgioloff, du Dimar, du Fouta, du Guidiaga (Galam), du Bondou et du Kassô, sont éminemment propres à la culture de l'arachide; les produits à retirer de ces contrées peuvent arriver en cinq ans au chiffre annuel de cent mille tonneaux, et ces quantités ne s'arrêteront pas là. Quelles sont donc les causes qui ont mis obstacle jusqu'à ce jour au développement de cette production?

Elles sont de nature diverse. Pour le Walo et le Dgioloff, nous l'avons dit, l'activité de leurs habitants est paralysée par les intrigues, les exactions et la cruauté des Maures. Lorsque le repos sera venu pour ces intéressantes populations, qu'elles auront efficacement ressenti les salutaires effets de notre protection et conçu l'espoir qu'elle sera durable, on les verra, qu'on se garde d'en douter, se livrer avec ardeur à la culture de la pistache. Plusieurs milliers de tonneaux sortant du Cayor, le Walo et le Dgioloff, on peut le dire sans témérité, en produiront bien davantage. Les hommes du Cayor sont plus laborieux, cela est vrai, mais ils ont une terre dure et peu fertile; les plaines du Walo et du Dgioloff, au contraire, se distinguent par une fertilité merveilleuse: avec moins de bras et moins de temps, elles peuvent produire facilement le triple de celles du Cayor. Ces pays sont d'ailleurs, bien autrement que le Cayor, accessibles à notre activité, et nous pouvons alimenter notre commerce et le leur, toute l'année, par nos établissements de Richard-Toll, de Dagana, de Mérinaghene, les bords du fleuve et ceux du lac Pagniéfoul.

Le Fouta, qui s'ouvre à nous par le fleuve et le marigot de l'île à Morphil, a besoin d'être discipliné. Quelques leçons vigoureusement données (M. *Faidherbe* s'entend admirablement aux enseignements de cette nature), quelques cadeaux distribués avec discernement, quelques divisions habilement entretenues le mettraient, dans un temps plus ou moins éloigné, sous notre dépendance, et, en quelque sorte, à notre discrétion. Quand une fois il aurait pris l'habitude de ce bien-être qu'amèneraient infailliblement les échanges d'un produit nouveau, il apporterait volontairement, dans la somme de nos transactions, sa part, et une part très-considérable; car, nous l'avons dit, le travail de la terre est là en grand honneur.

Le Guidiaga et tous les pays du haut Sénégal désirent ardemment demander à leur sol l'arachide, qu'il donne avec une abondance inouïe et de qualité supérieure; mais, faute de débouchés prompts et rapides, pour éviter des pertes qu'un séjour trop prolongé dans des magasins en paille fait subir au produit, le commerce est obligé de restreindre ses achats, et influe ainsi sur la production. La cause de ces entraves, de ce resserrement des affaires, réside, on le comprend, dans la difficulté des transports entre Bakel et Saint-Louis.

Nos moyens de batelage sont restés en effet, comme bien d'autres choses, en état d'enfance. Qui voudrait croire qu'au Sénégal, pays arrosé par un fleuve que sillonnent huit ou dix bateaux à vapeur de la marine impériale, le commerce continue à expédier dans le Galam, où il se fait actuellement pour quatre ou cinq millions d'affaires, où on pourrait tripler ce chiffre, des navires de vingt-cinq à trente tonneaux? que ces navires, munis de dix hommes d'équipage au moins, obligés de marcher à la touée, mettent de trente-cinq à quarante-cinq jours pour franchir une distance de cent cinquante lieues? Cela serait ainsi cependant. On comprend dès lors que les frais d'une pareille navigation ne sauraient être couverts par le prix du transport d'un produit encombrant, pour lequel il faut, si on veut réaliser quelques bénéfices, agir sur des masses considérables; aussi ces barques se hâtent-elles de charger de la gomme, produit riche, qui peut supporter le fret de 45 francs par tonneau payé pour le batelage entre Saint-Louis et Bakel. Négligée, l'arachide se retire du marché, car le producteur dégoûté abandonne un travail qui serait largement rémunérateur et pour lui et pour nous, si nous voulions, et il faudra le vouloir, améliorer notre système de batelage.

Aujourd'hui que les escales n'existent plus, que le fleuve, livré bientôt toute l'année à l'activité libre de nos commerçants, sera accessible à tous, il faut prévoir que de Gandiol à Médine, et même au delà du Félou, des comptoirs vont s'établir et mettront nos produits manufacturés à la portée du consommateur. Celui-ci aura intérêt à livrer le plus tôt possible, au traitant français le plus voisin, les produits du sol, et à retirer ainsi de son travail la rémunération qu'il a droit d'en attendre; mais ce mouvement d'affaires ne pourra se maintenir et se consolider qu'autant que les denrées, enlevées promptement, iront à Saint-Louis, et de là en Europe, fournir aliment au mouvement rotatoire entre la métropole et la colonie. Dès lors l'attention se trouve naturellement amenée à étudier quelque système de batelage qui réunisse tout à la fois la rapidité dans les transports et l'économie.

Pourquoi le commerce ne ferait-il pas construire de grands bateaux plats semblables à ceux employés sur nos rivières en France?

Le gouvernement, dans le principe, et pendant un temps assez long ensuite, devrait fournir à la colonie *deux remorqueurs*, dont la double fonction consisterait à conduire ces bateaux plats de Saint-Louis à Médine, et à introduire dans le fleuve les navires venus d'Europe.

Ces remorqueurs, d'un fort échantillon, ne calant que deux mètres, munis d'une machine de cent vingt chevaux, commandés par un capitaine au long cours bien payé, armés d'une artillerie suffisante, feraient la police du fleuve, supprimeraient en quelque sorte la distance entre Saint-Louis et Bakel, et mettraient fin aux entraves comme aux dangers de notre barre.

Les bateaux plats ou chalands, bâtis sur un modèle dressé par l'administration, d'une capacité de trois cents tonneaux au plus, seraient remorqués, moyennant une rétribution aussi légère que possible, au point désigné par leurs propriétaires. Rien n'empêcherait que telle maison, dont les affaires seraient très-considérables, ne mît dans son chaland, remorqué à vide la plupart du temps, les pièces d'un ou de deux chalands démontés et d'une reconstitution facile. Une fois arrivé au lieu désigné, le chaland, muni d'un faible équipage, s'abandonnant au courant, s'arrêterait devant les divers comptoirs de la rive gauche et les débarrasserait des produits emmagasinés. Ce chaland, faisant ainsi la cueillette, parviendrait à Saint-Louis.

Ce système de batelage pourrait être pratiqué en toute saison pour le bas du fleuve ; mais Bakel n'est accessible que de juillet à décembre ; il faudrait donc, pour débarrasser les comptoirs du haut pays, un mode de navigation plus active encore.

Podor, aujourd'hui construit, ne sera véritablement d'une utilité considérable, commercialement parlant, qu'en servant d'entrepôt entre Saint-Louis et Bakel. Les chalands qui en partiraient, entraînés jusqu'à Médine, viendraient y déposer leur chargement ; c'est là que seraient conduits les navires venus d'Europe, et introduits dans le fleuve par les remorqueurs ; c'est de ce point qu'ayant reçu leur chargement ils reviendraient à Saint-Louis, économisant ainsi un temps précieux. Ce procédé bien simple permettrait à un chaland de réaliser au moins six voyages à Galam, et d'enlever une masse énorme de produits. Il est inutile de faire remarquer qu'il diminuerait les frais actuels de plus des deux tiers ; on pourrait demander dès lors à la terre du haut pays tout ce qu'elle peut produire.

Ceci est prochainement réalisable, si nous en croyons nos convictions ; supposons-le accompli. Est-il hors de propos de jeter un coup d'œil sur l'aspect que prendrait alors notre colonie, si triste en ce moment et de son présent désœuvré, et de son avenir menaçant ?

Nous avons dit qu'il pourrait sortir du Sénégal, dans quelques années, cent mille tonneaux d'arachides. Pour qui connaît le pays, ce chiffre n'a rien d'exagéré. Ces masses de produits demanderaient la présence annuelle à Saint-Louis de trois cent cinquante navires de trois cents tonneaux l'un (la barre ne comporte que des bâtiments d'un faible tirant d'eau). La gomme, dans cet ordre d'idées, ne serait certainement pas négligée; mais on comprend qu'au lieu d'être la seule ressource du commerce local, elle ne deviendrait plus qu'un produit accessoire, qui n'absorberait pas uniquement le temps, les ressources et les espérances de toute une population. Le Maure, très-arrogant aujourd'hui, sachant que nous pouvons alimenter par ailleurs nos spéculations, deviendrait souple et facile; les mille relations que fait naître le commerce et qu'il entretient initieraient les populations riveraines à nos principes et à nos mœurs. Quand elles se seraient convaincues que nous ne voulons que leur bonheur, que nous rémunérons convenablement leurs travaux, qu'un esprit de droiture et de justice nous anime et nous dirige, elles briseraient elles-mêmes les barrières que l'isolement, le fanatisme et les mille préjugés qu'il engendre ont élevées entre elles et nous, et bientôt nous exercerions sur la rive gauche une influence salutaire qui nous rendrait les pacifiques domina-

25.

teurs de cette vaste partie du continent africain.

Si nous détournons un moment nos regards du fleuve, et du merveilleux spectacle offert par une activité commerciale sans intermittence, pour les diriger sur le chef-lieu de nos établissements, quel immense mouvement ne voyons-nous pas se développer à Saint-Louis !!!

Charger et décharger ces mille barques qui remonteraient ou descendraient incessamment notre magnifique fleuve, ces navires d'Europe, sources de richesses et de fécondité; un travail abondant et lucratif pour les ouvriers de tous les états; nos laptots ne connaissant plus le chômage; les traitants toujours employés; les maisons ne restant jamais sans location; la ville agrandie, bordée de quais, débarrassée de tous miasmes et de ces ignobles cases en paille, signe certain de la misère publique; les environs assainis; cette jeunesse, qui sent en elle de la sève et l'amour d'un travail régulier, recherchée pour les mille comptoirs qui borderont le fleuve, y trouvant la récompense légitime de la probité, du zèle et de l'activité; une population heureuse, bénissant le nom français, et sentant s'élever en elle le niveau de son intelligence et de sa moralité: n'est-ce pas là un but glorieux à rechercher et à atteindre? Le gouvernement de l'*Empereur*, qui peut obtenir à peu de frais, selon nous, la régénération de ce pays, cherchera à la réaliser, même au prix de sacrifices sérieux; il n'hésite pas d'ailleurs: nous en avons tous les jours la preuve. Aujourd'hui, en effet, les grandes pensées, les hautes inspirations sont à l'ordre du jour; l'autorité, que rien n'entrave plus dans sa marche, veut partout le progrès vrai et l'amélioration des conditions sociales; aussi sommes-nous très-fermement convaincu que le Sénégal touche à ce moment, appelé par nos vœux les plus ardents, où ses destinées transformées vont le lancer dans une voie qui lui fera rencontrer l'oubli de ses longues souffrances et le bonheur.

La métropole devra, comme une mère dévouée, venir, dans les premiers temps, en aide à sa fille africaine; mais ses sacrifices ne seront pas stériles: en faisant de ce pays une grande et belle colonie, où la culture, pratiquée par la main des peuplades riveraines, ne demandera qu'un peu de protection, elle affranchit tout d'abord son industrie, son commerce et sa marine des tributs que nous payons en ce moment à l'étranger. L'arachide, achetée aujourd'hui avec du numéraire dans les différents pays de la côte occidentale d'Afrique, ne viendra désormais en nos mains qu'en échange des produits de notre industrie nationale; pour sortir du Sénégal, elle ne devra employer que des navires français. Notre navigation retirera dès lors un avantage notable de ce mouvement d'affaires, mettant en travail trois cent cinquante navires; les industries qui se rattachent à la navigation et en vivent gagneront de suite ce qu'aura perdu la marine étrangère, et les avances faites généreusement par la mère patrie lui reviendront par ces mille voies que suivent les capitaux au moyen desquels on a alimenté des spéculations qui n'ont rien d'hypothétique.

Notre tâche est terminée; nous éprouverions un moment de vrai bonheur si, en parlant avec une consciencieuse franchise et une forte conviction, nous avions pu affaiblir certaines oppositions, entraîner quelques esprits, déterminer quelque bien.

Nos idées sur le Sénégal ne datent pas d'hier; elles sont le fruit de patientes études, d'observations prolongées et mûries; nous les avons produites déjà sous des formes plus restreintes, mais avec une chaleur égale à celle que nous ressentons aujourd'hui, et l'un de nous, dans l'ordre de ses fonctions, a été assez heureux pour mériter une approbation qui, à elle seule, était une honorable récompense. En effet, *Son Excellence le ministre de la marine et des colonies* écrivait, le 9 décembre 1852 :

« Les questions générales du régime commercial, « qui se rattachaient à l'élaboration du règlement « dont il s'agit, ont été traitées d'une manière fort

« remarquable dans le rapport de M. le procureur « général CARRÈRE, inséré au procès-verbal. Les vues « qu'il y avait exposées sont fort dignes d'attention; « elles éclairent vivement la question très-complexe « de la suppression du monopole des escales et « de l'affranchissement commercial et agricole du « FOUTA et du WALO. . . . .
. . . .

« *Signé* THÉODORE DUCOS. »

FIN.

TABLE DES MATIÈRES.

FIN DE LA TABLE DES MATIÈRES.

www.ingramcontent.com/pod-product-compliance
Ingram Content Group UK Ltd.
Pitfield, Milton Keynes, MK11 3LW, UK
UKHW021843190726
13855UKWH00001B/119

9 782013 348904